國立彰化師範大學國學大師叢書
陳 倬 民・李 威 熊總策劃
吳有能・鄭靖時・耿志堅 主編

古今文海騎鯨客

——蘇雪林教授

黃忠慎著

文史哲出版社印行

國家圖書館出版品預行編目資料

古今文海騎鯨客：蘇雪林教授 / 黃忠慎著. -- 初版. -- 臺北市：文史哲, 民 88
面： 公分. --（國學大師叢書；5）
ISBN 957-549-209-9(平裝)

1. 蘇雪林 - 傳記 2.蘇雪林 - 學術思想 - 文學

782.886 88006996

國學大師叢書

陳偉民 · 李威熊總策劃
吳有能 · 鄭靖時 · 耿志堅主編

古今文海騎鯨客：蘇雪林教授

著者：黃忠慎
出版者：文史哲出版社
登記證字號：行政院新聞局版臺業字五三三七號
發行人：彭正雄
發行所：文史哲出版社
印刷者：文史哲出版社
臺北市羅斯福路一段七十二巷四號
郵政劃撥帳號：一六一八〇一七五
電話 886-2-23511028 · 傳真 886-2-23965656
實價新臺幣一四〇元
中華民國八十八年六月初版

ISBN 957-549-209-9（平裝）

蘇雪林教授近照（97.3.13）

蘇 雪 林 教 授

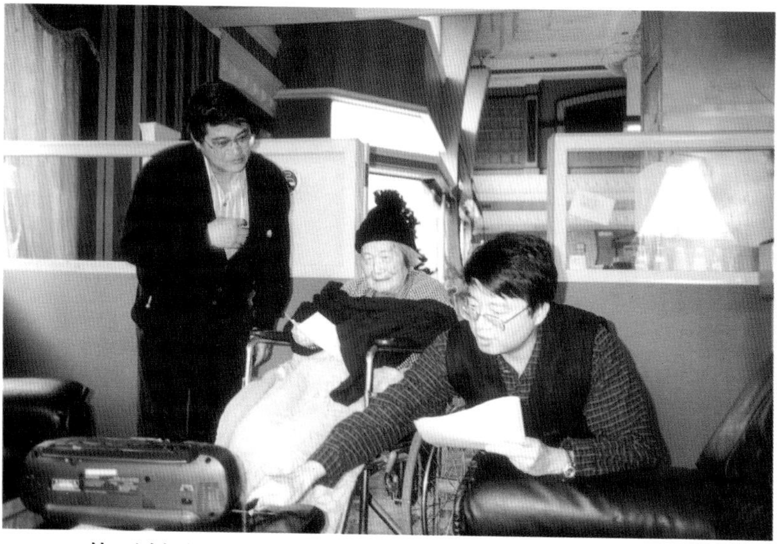

蘇雪林在臺南美德護理之家接受張簡坤明與
黃忠慎兩位教授之訪問

陳序

提到國學，人們很容易會想到遙遠的過去，彷彿研究國學就必然是探討那遙不可及的過去似的。可是如果我們研究古人的目的，是希望跟前輩請益學習的話，那麼我們研究國學，又怎麼可以重古而輕今，獨獨忽略了與自己時空最接近的當代國學大師呢？其實，當代國學大師因為跟我們時代接近，他們的研究心得或更容易顯出跟我們的相關性，為此，本校國文系同仁在李教務長威熊、鄭前主任靖時和耿主任志堅領導下，向國學界成績斐然的當代大師五人，一一訪談請教，並加以介紹，完成了國學大師請益計畫。

在這個計劃中，請益的對象包括現代文學作家蘇雪林、文學批評權威王夢鷗、紅學大師潘重規、史學大師陳槃及哲學大師勞思光等五位前輩學人。他們的學問均能獨當一面，而且望重士林，各自在自己的研究領域都有傑出成就。而在這次計畫中，實際負責撰寫工作的同仁有黃忠慎、吳彩娥、游志誠、林明德和吳有能等幾位教授，他們都是學養甚豐，不可多得的人才，通過他們的努力，大師的治學經驗、工作貢獻等等重要項目一一彰顯，讓大家可以見賢思齊，可謂嘉惠學壇，貢獻不少。而李威熊、鄭靖時及耿志堅教授的策劃、統籌，周詳有序，使這次計畫能夠順利完成。現在這套國學大師叢書出版在即，我誠懇的獻上我的祝福與謝意，並希望讀者和我一樣從這套叢書中獲益良多。

國立彰化師範大學校長　**陳倬民**　謹識八十七年十一月

耿序

學問貴乎薪火相傳，這樣才能可久可大。有鑒於此，李教務長威態教授特別推動執行國學大師請益計畫。希望透過這個計畫，讓大師們能以簡明扼要的方式勾勒出他們的學術成就，同時也向後學略示治學蹊徑，好使大師們豐富的學養，能夠傳承下去，發揚光大。因爲有這個薪火相傳的理想在，我想以「大師薪火—國學大師之訪談及推介」作這個集子的總名，應是最好不過的。

這一個計畫中，我們請了國文系幾位同事，各就自己的專長，依照我們選定的幾位大師，進行這個請益計畫。計畫剛開始的時候，鄭前主任靖時教授統籌執行，奠下堅實的工作基礎，後來因爲鄭教授休假，我們就請吳有能副教授負責實際的編輯工作。現在各人的稿子已經寫就，我依照作者姓名的筆畫多寡，排出這五本書的先後順序，同時，也分別給它們取了書名：

吳有能著：《百家出入心無礙—勞思光教授》

吳彩娥著：《出經入史緒縱橫—王靜芝教授》
林明德著：《文論說部居泰山—王夢鷗教授》
游志誠著：《敦煌石窟寫經生—潘重規教授》
黃忠慎著：《古今文海騎鯨客—蘇雪林教授》

此外，爲了體例的一致，我也稍稍做了一點統稿的工作；但是，由於大師們的專業領域差距很大，各稿內容自亦難以維持形式的一致，而且各位作者的文稿往往又自成理趣，所以我所做的統稿的工作也就只能限於大標題的統一而已。這樣既能使各書約略地構成一個叢書系列，同時又可讓它們的特色分別得以保存。其實，這套叢書的書稿水準都極高，好比芙蓉素面，不待脂粉而脫俗，當然我的統稿工作本屬敷脂施粉，自非淡素娥眉所需了。

國立彰化師範大學國文系主任　**耿志堅**　謹識八十七年十月十八日

古今文海騎鯨客——蘇雪林教授

目錄

古今文海騎鯨客——蘇雪林教授

古今文海騎鯨客——蘇雪林教授

黃忠愼

壹、大師小傳

提起蘇雪林，凡是愛好文藝的人，無論男女老幼，沒有不知道她和敬愛她的。她的文章，自二、三十年代以來，就被大陸各書局選作國文教材，而獲得了無數學子的喜愛；尤其《綠天》中的幾篇散文（按：其中〈禿的梧桐〉被選入目前國中國文課本第四冊））和《棘心》這部自傳小說，更是膾炙人口，風行不衰。

即在今日，自由中國衆多的女作家，也無不尊她爲前輩，事她如導師，這固然是由於她乃五四時代碩果僅存的一位作家；同時，以她在文壇上的享譽之久、學養之深來說，大概也是在女作家當中並世難儔的吧。

蘇老師不僅是新文藝的先驅，更是學術界的奇葩。她第一本問世的著作，竟是學術性的著作——《李商隱戀愛事迹考》（上海·北新書局），現改名《玉溪詩謎》。爾後，她左手寫新文藝，右手寫論文，在學術界上，秉著善於「發現」的眼光，分別對《紅樓夢》、《楚辭》、《詩經》等書提出自己獨創的見解。當年，「東亞病夫」曾孟樸先生曾戲稱她爲「學術界的名探福爾摩斯」。

蘇雪林治學之精、用力之深，堪爲年輕人的典範；以下分別對於蘇先生的家庭、求學和教書過程、個性略作介紹，以助人們對這位國學名師有更進一步的認識，也讓她那壯麗如史詩般的生命，激勵年輕人的鬥志，進而興起效法之心。

一、家庭簡介

蘇雪林原名蘇小梅，後因升學北京高等女子師範，不好再以「小」自居，於是去「小」而改稱蘇梅，雪林是其字；但又因單名有種種不便，復以字行。

至於她的筆名，先後用過的有綠漪、杜若、一鴞、天嬰、野隼、老梅、春暉、頌三和靈芬等，其中以「綠漪」最爲著名。

她是安徽省太平縣人，民國前十三年十二月廿四日(一八九九年)生。祖父蘇錦霞曾在浙江省做過二十餘年的知縣，是一個謹守廉隅的循吏。任內曾捕獲幾批江洋大盜，積有功勳；

一生潔身自好，從不敢貪污。並且慷慨大度，樂於救濟別人，鄉里來投奔者，多達三、四十人。

父親蘇錫爵曾有秀才功名，其後納捐為道員。母親杜氏稟性溫良誠實，好聽忠孝節義的故事，自幼便立志要做一個完全的人。雪林的祖父聞其賢孝，託媒說合聘為其父少卿公之婦。其母不僅有德，而且有才，天生善於治家，將一個大家庭治得井井有條，上下和睦。蘇老師在《浮生九四》回憶錄中誇讚其母：「大家庭有個好的當家人等於亂世之有一賢相，諸葛武侯，鞠躬盡瘁，輔佐劉阿斗，終定三分之局。張居正不惜身為臥褥，包容小孩的尿屎及諸不潔，卒朝綱一振，政治上了軌道，我母親之所為，彷彿相似。」

蘇雪林自小生長在這樣一個家庭環境中，這對於她以後德智人格的發展，自有決定性的影響。

二、求學過程之一——自修期

雪林的祖父因少年失學，靠自己辛苦自修，遂認得字，因此對子弟的教育特別盡心。他在縣署的園子裡特設家塾一座，使叔父諸兄就讀。當時女孩子沒有讀書的權利是天經地義的事，因此，雪林也從未興起爭取這種權利的念頭。倒是其二叔因讀了一點新書，思想比較開通，遂向祖母建議女孩們也該讀點書，將來好看看家信，記記家用賬，免做睜眼瞎子。從此家中增設了女塾，並聘了一位遠房族祖（與雪林祖父同輩的人）采五先生來授課。當時雪林約是六、七歲的小孩，跟著老師讀《三字經》、《千字文》、《女四書》，並學會了平仄、能做絕句類的句子。其後采五先生以老病辭職返里，雪林及其大姊便輟了學。後來，雪林又跟一位表叔上課半年，即又輟學。這段失學的期間，雪林讀畢了《薛仁貴征東》、《羅通掃北》、《三國演義》、《水滸傳》等書，並進一步讀文言小說如《聊齋志異》、《閱微草堂筆記》之類。清末林紓的翻譯作品風行，她又讀了一些翻譯小說，如《鬼山狼俠傳》、《撒克遜劫後英雄錄》、《十字軍東征記》等等，讀後幾乎入了迷。

雪林十二歲時，父親自山東回到祖父的縣署。這段期間，父親親自教她念完《唐詩三百首》、《古詩源》，散文則由《古文觀止》教到《古文辭類纂》。雪林先前從采五先生已學會做絕句，如今讀了《古詩源》，更能做五古詩句，父親驚爲奇才，逢人就誇。更買了一部袁枚《小倉山房詩集》叫她自己去讀。可是不到一年，父親便到北京謀事了。

△求學過程之二——破天荒入學校

民國二年初，父親在安慶謀到一份職業，母親便帶著雪林和三妹到了此城。一向主張女孩子也應讀點書的二叔，便把雪林和三妹送入一個基督教辦的小學就讀——培媛女學。

雪林在那兒讀書，功課居全校之冠，但因不滿意該校的課程教法及嫌貧愛富的惡劣習氣，因此僅讀半年便與三妹退出了。退出培媛女學後，雪林隨母親回嶺下故鄉。

雪林的家宅位置在萬山之中，林木叢密，瘴氣甚重，久居其間者可以習慣，新來乍到者，適應爲難。雪林於是患了鄉間常有的一種瘧疾來。民國二年的下半年，雪林足足患了半年的瘧疾，但只要寒熱不來時，她便起床研讀《小倉山房詩集》，並翻閱家中原有的李白、杜甫、韓愈、白居易諸人的詩集，同時試著作詩。

到了三年上半年，雪林便試作五古七古若干首，嶺下這一年，在作詩方面有了進境。

△求學過程之三——考入宜城第一女子師範

民國三年下半年，雪林聽說安慶第一女子師範招生的消息，便怦然心動，想去應考。然而祖母觀念保守，認爲女孩兒不在家裡習做女紅，卻進洋學堂唸書，一定會學壞，因此不讓她去。

雪林向祖母力陳師範學校不需學費及膳宿費，連冬夏衣服，應用書籍都由公家供給的好處，但祖母堅持不肯，任憑她怎樣哭泣、吵鬧，仍是不答應。

最後，雪林傷心之極，心想：「不自由，無寧死。」便走到住家附近一個地點，名爲松川者，想跳下深澗去求解脫。母親怕她眞的做出事來，便向祖母再三求情，祖母才勉強答應。

母親便陪雪林和三妹赴省。

父親見母親攜她姐妹來到，知想考一女師，甚喜。到了考期，她們便去應考，一考都考上了。雪林在安徽第一女師三年，國文總是滿分，其他歷史、地理、教育理論，凡文字寫作者，總有九十幾分，美術也滿分，總分數結算下來，當然是第一名。

民國六年，雪林一畢業，即被母校留在附屬小學任教。對於這段初任教席，為教育狂熱痴愚的過往，雪林在《浮生九四》中有這樣的敘述：「我教附小時絞出了吃奶的氣力，國文、公民、簡單的歷史、地理均歸我教，每週教課二十幾小時，正科以外，義務替學生惡補四書，寫日記，並大小楷書法，還有些什麼功課今已不憶，為批改學生的作文、日記、書法每日忙到三更半夜。附小位置即在母校前面，隔著一條馬路，地勢甚窪下，一雨便積水數寸，我所派的那間小房，為全校之最低者，雨後積水尚深，我弄來一條長木板，擱在房中，自門通到臥榻，搖搖幌幌地像過危橋一般，爬到床上睡覺。書桌下又安了一塊小木板，庋以磚頭，白天就坐在那裡批改學生作業。水退滿室霉溼之氣仍撲人，買了一石石灰散佈，還是無效，我也不以為意。校長叫我回母校住，我不肯，一直經過兩三個月的時間，溼氣深入腠裡，後來竟大病一場，幾致送命。」

△求學過程之四——升學北平高等女子師範

民國八年，北平高等女子師範登報招生，雪林獲此消息，便想赴考。然而，這一次家庭的阻力大過民國三年投考安徽省立第一女師更加激烈百倍。祖母以婚嫁爲由（雪林早已由祖父作主，許配給五金商人張餘三的次子張寶齡），堅不讓她再去讀書。

對雪林而言，家庭的阻力並不算什麼，當她得知北京高等女師招生名額已滿不再接收學生時，整個希望斷絕，中心的焦急匪言可喻，竟急出一場大病。她的頸部淋巴腺結核忽然大發，頸子腫脹得幾與肩平，呻吟痛楚，寢食皆廢。直至月餘腫勢才漸消，然結核已穿了頭，雪林包著紗布仍到附小預科上課。

後來，在校長的幫忙下，北京高等女子師範答應讓雪林做一個旁聽生，她便辭去教職赴北平。數週後，雪林繳了兩篇作文，系主任認爲文理優長，才讓她成爲正科生。

當她進入北京高等女子師範的那年，由五四而引起的新文化運動，正在熱烈地進行著。當時的國文系主任陳鍾凡教授爲系上延聘到幾位新文化大師如胡適、周作人、陳衡哲、李大釗等人，他們的言論及文章影響蘇雪林甚大。不久，她即以「五四人」自命，開始在《益世報》、《婦女週刊》發表白話文章。

△求學過程之五——赴法留學

國立北京高等女師國文系的修業期限爲三年，雪林只讀了二年，再一年便可卒業。卒業後，回安徽本省，至少可任一個初級女子師範或女子中學校長，但雪林竟因考取吳稚暉、李石曾在法國里昂所創辦的中法學院，而毅然放棄眼前可預期的成就，出國留學。

民國十年秋，她抵達法國，本來想放棄文學改習藝術，但頭一年由於身體的緣故，只好擱置下來。這段期間，她一方面休養身體，一方面補習法文，第二年，她進入里昂國立藝術學院，但只學了一年的畫，就又因為母親病重而輟學回國了。

回國以後，她奉母命和出身痲省工科大學的張寶齡先生結婚，並且展開了長達半個世紀的教書生涯。

三、春風化雨五十年

蘇雪林先後擔任大學教席凡四十八年，加上以前任教小學、中學的年資，恰好是五十年。這種誨人不倦、嘉惠後學的精神，實足令人感動。

站在教育崗位上，她總是對學生循循善誘，遇到疑難的問題，一定耐心地解釋清楚。她很鼓勵學生寫作，並且細心的為他們批改。

她上課從不遲到、不缺席，不管任教那一科，資料一定自己編製，論點常能突破藩籬有創見。凡是上過她課的人，多會沈醉在她那慈祥、風趣而又精闢的言談裡，而沒有不敬愛她的。

四、健筆勤揮六十春

蘇雪林是文藝界的勤耕者，在她已出版的作品當中，內容眞是包羅萬象，有小說、戲劇、雜文、傳記、文藝批評、翻譯、舊詩詞、學術研究等，幾乎無所不寫。由此，我們可窺見她學問的淵博，和鑽研著述之辛勤。

其實，蘇教授創作的才華早在十歲左右就展露出來。當時，她讀了許多林畏廬翻譯的小說後，便曾學林譯的筆調寫日記及小品，文筆清新流麗，活潑自然。十二、三歲時，已會做詩，今《燈前詩草》少作集便是那時寫的。就讀宜城第一女子師範時，曾用古文筆法替家鄉幾個節婦作傳，大蒙國文先生讚許。當時，她能詩、能文、能畫，大家都把她當做「才女」看待，才名不僅洋溢宜城，甚至傳到京滬、寓居兩處，「蘇小梅」三個字，在當時即無人不知，無人不曉。

葉蟬貞女士在〈童心永葆的蘇雪林〉一文中，對於蘇教授的著作曾有這樣的評價：「每篇文字的字裡行間，都閃耀著她智慧的光芒，灌注著她辛勤的心血。評論一個時代、一個民族、一個人的作品，不僅要靠作者的才情，還需要功力，還需要精闢的分析判斷，獨特的創見以及洗鍊的文學技術，蘇先生出版的三十幾種書，對上述諸點均能做到，所以每本書都很有份量。」

五、畢生心血研屈賦

蘇雪林當年會投入屈賦的研究，實是因緣際會。民國三十二年，重慶有個學術界朋友衛聚賢先生想爲黨國元老吳稚暉先生慶祝八十誕辰，要爲他出一個祝壽專號，因此寫信向蘇雪林索稿。

蘇教授寫了一篇關於吳先生的回憶寄去（她讀過吳先生創辦的法國里昂中法學院，深知吳先生的爲人），但衛先生要求的是學術性的文章，她只好將教文學史時，爲學生寫的〈天問整理之初步〉拿出來擴充爲論文，寫成〈屈原天問中的舊約創世紀〉一文，寄給衛先生。

從此，蘇雪林投入屈賦研究長達三、四十年（自民國三十三年開始，至民國六十九年《屈賦論叢》印出）。由一位自白「楚辭是一門我從不敢問津的學問」到成爲「三閭大夫的千古知音」，這中間，她付出了相當大的代價，時時念茲在茲，深恐研究不能及身完成。即使在養病期間，亦未曾停頓，她一生的心血，可說多半灌注於這項研究。

雖然，有人譏笑她的著作是野狐外道，非正法眼藏，但蘇雪林獨視爲性命一般，非常寶愛。她說：「現世雖無知者，我將求知音於五十、一百年以後。即五十、百年以後仍無人賞識，那也不妨，『文章千古事』，只須吾書尙存，終有撥雲見日的時候！」

她這種尋求眞理的執著，實在値得我們敬佩。

六、木瓜氣質笑對人生

蘇雪林自稱自己是具有「木瓜」氣質的人。她在《浮生九四》中曾言：「我幼年的家庭環境欠佳，所過童年實不愉快，長大後結婚，婚姻生活又頗不順遂。惟以我秉有『木瓜』氣質，也就懵裏懵懂地混了過去。」

在培媛女學讀書那半年，蘇雪林是全校第一名，理應獲得金牌，但因校長循私，只給她一枚銀牌，大家都爲她打抱不平，但她卻毫不在意，這正是「木瓜」氣質的充分顯露。

在宜城第一女子師範念書三年，她因才華橫溢，許多同學爭相與她攀交、修好，直把她當作一隻鳳凰似的捧著，這在他人或將養成一股驕傲之氣，但蘇雪林仍一本「木瓜」氣質，毫不爲動。結婚後，面對不愉快的婚姻，蘇雪林心中不僅沒有恨，還能在文章裡，把自己美化詩化，也把周遭人物一個個美化詩化。她將對愛情的渴望昇華爲文學創作及學術研究的原動力，並且說：「我想我今日在文學和學術界薄有成就，正要感謝這不幸的婚姻。」

這份接納殘缺，欣賞缺陷美的胸襟，正是「木瓜」氣質的徹底發揮！

七、文人話文人——謝冰瑩、張秀亞談蘇雪林

同屬文壇奇女子的謝冰瑩，在〈我所知道的蘇雪林〉一文中，對蘇雪林有這樣的介紹：「雪林先生生性慷慨、豪爽，急公好義，樂於助人，對於朋友非常熱情，遇有事情請她幫忙，只要她的能力所及，沒有不答應的。她有一顆最仁慈的心，聽到有人說起某人窮困，某人遭遇不幸時，儘管她和那人無一面之緣，也會之傷感、嘆息。」

雪林在待人接物方面，秉承祖父慷慨樂施及母親憐貧恤老的美德，對人極富同情心。年輕的時候，她體貼娘家經濟的困難，不顧先生的不滿，每月仍拿錢回去津貼家中的開銷。大陸淪陷後，她有許多親族的同輩或下輩，生活總是艱難，四、五十年以來，她支援不倦。她常把錢大量地花在別人身上，但對待自己，卻儉樸得近乎苛刻。

謝冰瑩說：「她的生活簡樸得很，對於衣、食、住、行，素不講究，自從我認識她開始，就沒有看見她穿過一件質料比較貴重的衣服。」「還記得她去台南的前夕（蘇雪林原任教台灣師大，後轉任成功大學），我為她收拾行李，看見她幾件破衣服和幾雙破襪子、破皮鞋，我勸她丟了。她說：『不要丟，不要丟，我修補一下，還可以穿的。』我又看看一些信紙信封，還是從大陸帶來的。我說：『雪林，這些舊信封已經褪色了，丟了吧，我送妳一些新

的。』她又說：『這還有用，丟了可惜。冰瑩呀，妳休息休息，讓我自己來理吧。』後來，我眞的不敢動手了。」

雪林當年就讀培媛女學時，也曾一度惑於校風，愛慕虛榮，想穿華艷衣服，因而和母親吵鬧，但事後懊悔不已，認爲是青年時代失敗之點。在滬江大學任教時，因討厭該校浮華的風氣，女生每日穿羅著緞，爭妍鬥艷，上課如赴盛筵，曾爲小文在壁報上批評，這些壁報言論深爲滬大當局所不悅，竟因此招致解聘。

她既不喜奢靡，自不以儉樸爲苦，這種待己薄，對人厚的美德，正是讀書人的典範。謝冰瑩說：「雪林愛好自由，更熱愛國家民族，她最富正義感，嫉惡如仇。」在抗戰期間，蘇雪林將嫁奩三千元，加上十餘年省吃儉用的教書薪俸所積買的兩根重達五十多兩的金條，捐獻給政府作爲抗戰的經費。這對一個靠教書和爬格子度日的窮文人而言，不啻是「毀家紓難」。

民國十九年以後，左翼文壇以魯迅爲盟主，大事叫囂，氣燄薰天，當時文人多半被誘或被迫投入其陣營，獨蘇雪林敢於仗義直言，在各雜誌上力斥其非。民國二十五年魯迅逝世時，更發表了「致蔡孑民先生論魯迅書」並「與胡適先生論當前文化動態書」兩文，痛陳魯迅劣點，結果惹得左翼囉嘍群起圍攻，並封鎖文壇，所有文藝刊物都不容她投稿，竟想扼殺或窒死她寫作的生命，這在他人或必倉皇失措而向左派屈服了，而她則處之夷然，毫不爲動。

民國四十年自法國回台後，她仍繼續寫反共文章，並鼓勵青年從戎報國，凡此種種，足以看出她愛國的赤誠。

張秀亞女士在〈蘇雪林與文學〉一文中對蘇雪林有這樣的評述：「她純粹是詩人的性格，愛憎分明，是非感強烈。她並非不冷不熱的『溫吞吞』的生活著。她有時眞像赤子一般的純眞可愛，絕不受成見偏見的遮障和影響。絕高的文才使她能夠言所欲言，忠直的性格使她敢於言所欲言。」

八、結語

蘇雪林在〈禿的梧桐〉一文中，敘述梧桐歷經風雨的侵襲，螞蟻的嚙食，幾致枯死，然而，憑著堅強的毅力，又再度挺立，枝繁葉茂。綜觀雪林一生，歷經求學的艱辛、婚姻的不幸、又因反共反魯而招受許多的恥辱，畢生心血投入的屈賦研究，又被人視爲野狐外道、非正法眼藏。但蘇雪林獨以「木瓜」氣質，淡然處之。

至今，雪林依然毅立在學術界、文壇上，她正如自己筆下那棵禿的梧桐般，以豐盛的著作，向世人證明自己的挺立。

貳、請益專訪

黃：蘇教授是胡適大師的學生，又終身尊崇他，可否談談您所認識的胡適？

蘇：我在北京念女師高時，曾和同班同學到江灣路胡老師拜謁。胡先生曾以師母手製的徽州麵餅賜我們。他說那是他們徽州的州寶，蓋徽州地瘠民貧，州人皆須到江浙一帶從事茶葉典當等商業，以維生活。千里旅途，僅以此餅為餱糧，可見徽人克苦省儉的美德。

當時女高師有一生李超乃廣西富豪女，其父以無子，承繼一姪輩為子，死後遺產悉歸嗣子，李超乃親女反不得一文，升學北京，貧病而死。胡適曾為李超寫篇「李超傳」，在班上對我們說他這一篇文章比《史記》的〈漢高祖本紀〉、〈項羽本紀〉還有價值得多。嚇得我們舌撟而不能下。我們那時都把《史記》看成天下第一的著作，胡先生居然說他的文章勝過《史記》，豈非荒天下之大唐嗎？但胡先生文出，女子要求承繼遺產權者相繼不絕，憲法為之修改，效力果然大極，謂勝過〈漢高祖本紀〉、〈項羽本紀〉，絕非誇誕之辭。

在五四時代，陳獨秀與胡適並稱新文化的元勳，其後二人因政治見解不合，遂分道揚鑣，但他倆友誼仍在。陳之最受人抨擊者，爲他在「新青年」中反對孔教，因此有些小人遂造謠謂陳氏將俗傳「萬惡淫爲首，百行孝爲先」改爲「萬惡孝爲首，百行淫爲先」。使陳獨秀每到一處，即被法院拘詢，薄產爲之累盡，胡適先生曾憤激爲他辯護。陳氏講民主而及民生，民生即社會主義，他既想救國救民，遂成爲一位共產黨員。不過他是蘇聯托洛斯基派，這一派的共產主義，倒眞的是馬恩眞傳，竟爲史達林所不容。中國的共產黨因此對陳惡罵、臭罵，陳氏遂被捕下獄，直到對日抗戰發生始能恢復自由。死前有寫了一本小冊子，胡適爲他發行，稱爲「陳獨秀最後的政治見解。」

兩人政治立場不同，胡適先生還處處爲陳獨秀辯護，可見出胡適對朋友的義行。很多人以爲胡適反孔，其實他所反的乃是僞託儒家學說，依附孔子之店者，並非眞正的孔店，他在其著作《中國哲學史》中，對孔子仍甚尊崇。

我的屈賦研究，大家都指爲野狐外道，非正法眼藏，即連胡適先生也不贊成。但他對我總意存偏袒，中院徐芸書、楊希枚非常贊成我說，胡先生總把我的論文交他二人審閱，說這二人對蘇雪林的論文，非常有同情，非他二人審閱，恐難通過。我得長科會（長期發展科學委員會）的獎金，能夠維持數年之久，都是胡先生對我的好意而然。

胡適先生是我最敬重的人，他的德行高尙、完美，一生立身行事不苟，提倡自由民主科學，鼓吹理性主義，對中國現代化企盼殷切，因此，我常稱他爲「現代聖人」。

黃：蘇教授曾以「五四人」自命，且言「五四影響我最大的便是理性主義」。而蘇教授又是虔誠的天主教徒，舊約聖經對您的屈賦研究啓發深遠。請問「科學」與「宗教」有沒有矛盾之處？您如何綜貫二者？

蘇：陳獨秀在其辦的「新青年」中，曾揭櫫五四的兩大宗旨，一曰民主，一曰科學。科學的精神是「求眞」、「求是」，既要「求眞」、「求是」，對於社會上公認的許多行爲與信仰，便要審判看看是否正確。

我一向自負有科學頭腦，經過五四運動的洗禮後，對宗教每持反對態度。我在法國讀書時，因家鄉傳來消息，伯兄病亡，母親悲痛過度染病，臥牀不起。致我日夜憂念，噩夢頻頻，尤其可怪者，每遇心靈悸動，若有大禍之將臨頭者，次日必得家裡不幸消息，才知萬里之隔，心電竟能交流無礙，這是一件令我不解的神秘。

爲了學好法文，我曾搬到里昂居住。我所寄宿的宿舍極富宗教氣質，其中設有經堂一座，常請神父來獻彌撒。宿舍中有幾個女工，都是修女，有一個名叫馬沙吉者，家境富有，原是一位千金小姐，卻來這寄宿舍執賤役，每當她清除廚房及各寢室，常弄得灰頭土臉，而她並不以爲苦，我於是漸漸認識了天主教的精神及其價値。

我的法文補習老師海蒙女士也是極虔誠的天主教友，她上我課時，常向我宣揚教義。爲了勸我信教，加倍地對我熱誠，並做悠長的祈禱，還有種種克苦犧牲的行爲。在她們的感化下，我就在里昂一個大教堂裡領洗，成爲公教教徒。領洗後，心靈有所安頓，甚爲欣喜。

民國三十二年，學術界朋友衛聚賢先生要爲黨國元老吳稚暉先生慶八十誕辰出一個專號，索稿於我。我在整理資料時，發現《淮南・地形訓》的「帝之四神泉」，即《舊約・創世紀》的伊甸四河，於是動手寫了《屈原天問中的舊約創世紀》一文。爾後，我更發現，世界文化同出一源，這發源地乃是西亞的兩河流域。域外文化曾兩度來華，第一度在夏商之前，第二度則當戰國中葉，正值屈原時代。

學術研究是嚴謹的、理性的，舊約聖經提供給我學術的靈感，研究屈賦的門徑，所以，二者之間是可以綜貫的。

黃：**蘇教授後半生事業一直致力於反共反魯，請問您當年爲什麼反魯？您現在還反魯嗎？**

蘇：我之反魯，並非反對魯迅本人，而是爲了爭是非，即公是公非，眞是眞非。

魯迅雖然有點才華與學術素養，能寫出一本膾炙人口的《阿Q正傳》，能寫出一部足稱開山著作的《中國小說史略》，但其本人則褊隘、暴戾、多疑善妒、好諛喜佞、貪名圖利，備具紹興師爺的氣質好以刀筆殺人。又具有開山堂，搶碼頭，流氓土匪的天性，十足一個「小人之尤」。當時，共黨為了政治的利益，將他不斷塗金抹彩，造成了一個偶像，尊之為「現代的大成至聖先師」，顛倒混亂是非標準莫此為甚。使全國青年都來焚香膜拜，以魯迅為做人模範，則將人人變成「小魯迅」，若人人都變成小魯迅，則大好中國將變成禽獸世界，那還得了？

魯迅本是個虛無主義者，並無愛於共產主義，惟他好名好利之心非常強烈，知道共產主義是個難於違抗的時代潮流，要想取得青年擁護，非左傾不可。民國十九年左翼聯盟成立，他立刻加盟，登上文壇盟主的金交椅，把他的褊隘、刻薄、陰賊、殘忍、多疑善妒、復仇心強烈、領袖慾旺盛種種病態心理一齊揮發出來，終日翻著眼珠，噴著口沫，罵他的學敵。他罵一個人可以一直罵到十年而不已，每寫文章，必把那個學敵踢上一腳，戮上一刀。人誰不怕罵，更怕這種永無休止地罵，於是只要魯迅一發言，無論怎樣的無理，只有順從，從無反對。

文壇及文化界之迅速赤化，是魯迅偶像造成的，魯迅對中共政權攘奪之成功果然有其貢獻。民國二十五年十月，魯迅病重在滬逝世，全國文藝界如喪考妣，悲聲四起，其震撼之大，我曾做個譬喻說：天外忽來一顆行星，撞碎了我們的月亮，或太平洋一夜間突然乾涸見底，那震動的情形，恐怕也不過如此吧。

當時，左派要求蔡元培和馬相伯等都列名治喪委員會，想借他們的資望，爲欺騙國人之計。我實在氣憤不過，寫了一封「致蔡孑民先生論魯迅書」，信中列舉了許多魯迅的劣點，力勸孑民先生勿受欺。又寫了一信給馬老，馬老回信道：「我年齡太老，久不與世事，人家邀我列名，想無大害，是打算列的，既得你信，深知底裡，就拒絕了。」

「致蔡孑民先生論魯迅書」被武昌一個新辦的雜誌名爲「奔濤」的得去發表，文藝界便視我爲異端，爲化外之民，並封鎖文壇，不容我投稿，想扼殺或窒死我的寫作生命，但我並不怕，仍於授課之餘罵魯迅。

反魯反共是我後半生的事業，爲這事不但弄得文壇無立腳之地，性命也幾不保，我之所爲完全出於正義感與眞理愛，別無所圖。而今將親眼看見共產主義的崩潰，豈能不喜？但願海那邊早日發生變動，日月重光，河山增色，我們這些留滯天涯的遊子，不必「白日放歌須縱酒」，卻要「青春結伴好還鄉」！

黃：蘇教授在治學方面投注最多心力，成就也最大的是屈賦研究。可否談談您在研究過程中，最得意的發現？

蘇：在屈賦研究上，我投注了三、四十年的心血，並將這份研究成果視爲性命一般，非常寶愛。

民國三十二年，爲了給衛聚賢先生寫一篇學術性的論文，無意中發現《山海經》中的崑崙四水，《淮南・地形訓》中的「帝之四神泉」即是《舊約・創世紀》中的伊甸四河，便動手寫了〈屈原天問中的舊約創世紀〉一文，自此，研究屈賦便得到了門徑。我發現世界文化同出一源，而這發源地乃西亞的兩河流域，屈原的〈九歌〉、〈天問〉許多不能解決的資料必須求之西亞始可，這些研究的發現收錄在《天問正簡》一書中。

之後，我又研究崑崙問題，寫成《崑崙之謎》一書。我的崑謎之價值在闢崑崙三迷信：

㈠崑崙之迷信：古之言崑崙者迄無定所，其實崑崙的正身在西亞，崑崙即《舊約》伊甸園。

㈡崑崙山脈之迷信：我國古代有崑崙山脈之觀念，特謂崑崙居地之中央，爲「山祖」爲「山首」有「三條四列」之說。其實「三條四列」並不存在，吾人腦中安可更有崑崙山脈之概念。

㈢崑崙奴之迷信：唐人常購黑長善入水之人爲奴。名爲崑崙奴。唐人傳奇小說常見，頗能爲主人立奇功。一般人認爲崑崙奴來自西北之崑崙，我以爲唐代崑崙奴實來自南洋一帶，南洋一帶種族以骨侖名者頗多。馬來人皮膚作棕黑色，頭髮直，而崑崙則爲眞正尼革羅人。中國僧人如法顯等住過南洋，言南洋種類甚多，有多數種族黑膚捲髮能入水潛水，數日無害，疑唐人所購崑崙奴即此。

我寫《天問》三神話，寫崑崙之謎，宣佈中國文化曾受域外影響，許多人不相信。後來我又寫了一篇〈山鬼為希臘酒神考〉、〈國殤乃無頭戰神考〉、〈月兔源流考〉。在文章中，我引用中國資料、西亞、希臘、印度等國的古代神話傳說，用意無非證明秦漢前域外文化已來到中國。我推斷域外文化曾兩度來華，第一度在夏商之前，第二度則當戰國中葉，正值屈原時代。

因此，我主張世界文化同出一源，而這發源地乃是西亞兩河流域。其後漸次向四方流傳廣布，遍及世界各地，千載以還，衍演的結果，各國文化便呈現出五花八門的歧異，但追溯源流，仍可以發現世界各國文化是自成系統，互相共通的。

黃：蘇教授任教大學近五十年，又有許多的研究心得，可否談談您對中文系師生的期許？

蘇：讀古書，貴在能見人之所不見，能言人之所不能言，亦即善於發現的眼光。胡適先生嘗謂發現乃治學最大的樂趣，我一生味嘗這種樂趣次數獨多，所以能沈迷於學術研究中，此樂南面王不易也。

《玉溪詩謎》是我在學術上的第一種發現，屈賦研究過程中，則發現大小問題幾近百種。當年的武大校長王世杰先生曾誇獎我：「能在書中發現問題，加以新穎的解釋，勝過徒讀萬卷書，不知如何運用的兩腳書櫥者十倍。」「東亞病夫」曾孟樸先生亦戲稱我爲「文壇名探福爾摩斯」。

我們讀古書不應人云亦云，而該有自己的見解。至於見解對不對，是另外一回事，但這種尋求眞理的精神，是中文系師生所應具備的。

黃：您的《棘心》、《綠天》，一直是學生熱愛的讀物，可否談談這兩本書的成書過程、內容？

蘇：我有一位友人章廷謙爲紀念他的新婚，用美文體裁寫了一本《月夜》。我那時也在新婚，便也學他用美文寫婚後生活。書中的情事，半眞半假，我稱之爲「美麗的謊言」。寫《綠天》時，年齡已不小，行文口吻卻像一個十六七八天眞爛漫的少女。但這卻不是謊，我那時心境，確是十六七的少女。因此這算不得文藝品，只能稱之爲「童話文學」。這本書至今仍能在人們的手中愛不釋卷，或許是由於作者（雪林自己）那顆永久「童心」所流露的單純的思想，和眞摯的情感，能夠引起世故不深的青年讀者心弦之共鳴吧！

《棘心》是在我離開滬大回家賦閒這段時間寫成的。（我因爲文批評滬大浮華校風，爲滬大當局所不悅，因此不被續聘。）《棘心》是自傳式的小說，主旨在介紹一個生當中國政局蛻變時代，飽受五四思潮，以後竟皈依了天主教的女知識青年。借她故事的進展，反映出那個時代的家庭、社會、國家及國際各方面動盪變化的情形，也反映出那個時代知識份子的煩惱苦悶、企求願望的狀況；更反映出那個時代知識分子對於戀愛問題的處理，立身處世行藏的標準，救國家救世界途徑的選擇，是採取了怎樣不同的方式。

這本書出版後，因我自述在法國皈依公教，也多介紹公教教旨及敘述法國公教徒如馬沙吉修女及我的補習老師海蒙女士德行之超卓，竟大受喜好。許多天主教友和留學海外的神職人員競相購買，於是初版、再版……，十餘年盛況不衰。

黃：蘇教授一向熱愛唐詩，那麼宋詩呢？宋代詩人中，您最欣賞哪一位？

蘇：宋詩的成就其實還在唐詩之上，我覺得王安石的詩作非常突出。

黃：近代中國作家中，您最欣賞的是誰？

蘇：老舍、丁玲兩人是我最喜歡的名作家。

參、學術成果推介

蘇雪林教授著作等身，由其內容的包羅萬象可以得知她不但興趣廣泛，而且隨時保持活潑敏銳的觀察力。在她的作品中，有輕鬆自在的散文創作（如《綠天》）、引人深思的傳記文學（如《眼淚的海》），還有謹嚴深刻的學術論文（如《屈原與九歌》），可說是不為文學形式所範限的全能作家。

在學術論著方面，一系列的屈賦研究（包括《天問正簡》、《屈原與九歌》、《楚騷新詁》、《屈賦論叢》等）代表蘇先生的學術成績，三、四十年的心力投入，使她和屈原成為異代的莫逆之交，同時，也帶領今人用不同於傳統的眼光，重新發現屈賦的奧妙，重新認識屈原的神秘。

除了屈賦的研究外，蘇先生對中國文學的發展脈絡，甚有心得，著有《中國文學史》一書。其中唐詩的部份，蘇先生另著《唐詩概論》詳加剖析。在《玉溪詩謎》一書中，對於李義山的戀愛史鉅細靡遺的考據，可知蘇先生對於學術的態度雖是十分嚴謹，但在嚴謹中卻透出趣味的歡樂。這種趣味的學術，不但鼓舞著作者靈動的思考，同時也感染讀者的想像。

值得一提的是，蘇先生在大膽假設，小心求證的過程中，竟能以清新活潑的筆調（有如面對面談話），清晰呈現論證思慮，讓讀者在由疑問、求證到解答的脈絡中，有欲罷不能之感，這實是一般學術論文所罕見，可說是蘇先生文章的一大特色。

因蘇先生的著作甚多，本文僅擇《屈原與九歌》、《楚騷新詁》、《屈賦論叢》、《中國文學史》、《唐詩概論》、《玉溪詩謎正續合編》等六本重要學術論著加以評介。

一、《屈原與九歌》

《屈原與九歌》一書，分上下兩篇，上編爲〈屈原評傳〉，下編爲〈九歌研究〉，包含一篇〈九歌總論〉、九篇論文及一篇附錄。是蘇雪林先生屈賦研究的重要著作之一。有關屈賦研究，上自東漢，下迄清代，歷代《楚辭》學者對於〈離騷〉、〈九章〉的疏解成績，差強人意，而對〈九歌〉、〈天問〉的研究，猶如瞽者猜目、盲人摸象，毫無成績可言。究其原因，在於中間隔著一道既堅且厚的牆壁，無法打破。蘇雪林先生窮其一生精力，得出「屈賦內容多爲域外的宗教神話及其他份子，而這類份子皆蘊藏於〈九歌〉和〈天問〉之中。」這道既堅且厚的牆壁，就此被擊破了。這個發現，對後代研究《楚辭》的學者，帶來莫大的助益，蘇雪林先生對《楚辭》研究的貢獻，令人敬佩。

上編〈屈原評傳〉，分八章，第一章〈屈原的世系及家庭狀況〉。第二章〈屈原的名字及里居〉。第三章〈屈原的生卒年月〉。第四章〈屈原的政治生涯〉。第五章〈屈原時代的國際形勢及其政治方針〉。第六章〈屈原的學術思想〉。第七章〈屈原的放逐與自沈〉。第八章〈傳後論〉。主要的目的在補正一般屈傳的缺失，而從「民俗學」、「比較文化史」、「比較宗教史」著手，希望能揭露屈賦的眞面目。蘇雪林先生運用豐富的材料，科學的分析，將屈原的世系，一生行事，重作整理，使屈原的眞面目，逼眞地呈現在讀者眼前，其中的創見，確見蘇雪林先生的苦心。如：

女嬃之嬋媛兮，申申其詈余。（〈離騷〉）

王逸曰：

女嬃，屈原姊也。

洪興祖《補注》曰：

《說文》云：嬃，女字，音須。賈侍中說：楚人謂姊為嬃，前漢有呂須。

蘇雪林先生以為：

嬃字本來可以稱姊，亦可稱妹。《易・歸妹》：六三，歸妹以須。史記言樊噲以呂后女弟呂須為婦……竊意「嬃」之為言如今俗語「阿姐」「阿妹」，呂嬃之得名實由其姊呂后而來，如云「呂阿妹」，下漢武帝神的「李女須」，可云「李阿姐」亦可云「李阿妹」，視其姊妹中行次而定，不關重要，要之必非是她的名字。

推翻一般《楚辭》學者以為女嬃為屈原姊之名字的謬誤，的是卓見。又如：屈原的放逐，共有二次。第一次放逐在懷王二十四五年。第二次放逐在頃襄王十三年。而《史記・屈原傳》云：

王怒而疏屈平，屈平疾王聽之不聰也，讒陷之蔽明也，邪曲之害公也，方正之不容也，故憂愁幽思而作〈離騷〉。

蘇雪林先生以爲：

事實上，屈原爲懷王所疏，失去了左徒的職位，仍在朝中，大概三閭大夫那個官職便在那時候擔任的。後來還派他出使齊國，可見懷王對待這位少年文學家還相當的重視，屈原若於此時即撰寫〈離騷〉，則他的氣量果然如後人所妄測：太愛「怨懟」了。太偏狹了。

這個意見，有益於釐清《楚辭》學者以爲屈原曾被放逐三次的錯誤見解，並對〈離騷〉的撰寫年代有獨到的見地，令人敬佩。

下編〈九歌〉，〈九歌〉是《楚辭》一書中蘊藏神話最豐富的著作，他的眞面目如何？他祭祀那些神祇？這些神祇淵源何處？是歷代《楚辭》研究者所希望了解的，蘇雪林先生於四十五年前（約在民國四十一年）即斷言：

九歌是整套神曲，九歌歌主又是隸屬於同一集團的神明。（《中國文學論集・屈原》）

九歌歌主是九重天的主神，眞是驚動世人的創見。

蘇雪林先生認爲想注解屈原作品，鑽故紙堆是不行的，必須利用七種資料始可；而下編《九歌》，便是蘇雪林先生利用這七種資料的實驗成果。七種資料如下：

㈠利用古代神話如《山海經》、《穆天子傳》、《呂覽》、《莊子》、《歸藏》、《淮南子》、漢代所有緯書及戰國秦漢魏晉唐宋以來各種筆記小說，民間傳統的神怪故事及不見經典的宗教祀典等。

㈡研究比較宗教學、人類學、民俗學、及關於各種宗教的知識，尤須研究西亞、埃及、希臘、印度的神話及傳說，以與屈賦內容互相比較，藉以追究其眞實來源。

㈢涉獵佛經及印度兩大史詩、韋陀頌歌、道藏、基督、天方經典，將見此類書籍可與屈賦印證之處，隨處而有。

㈣研究古代各文明民族的天文、曆法、地理學說。

㈤參考中國正經如《詩》、《易》、《書》、《禮》、《三傳》、《爾雅》等；參考正史及古代稗史，尤須注意今日地底發現之考古資料，足以校正歷史事實之錯誤及補足其缺乏者。

(六)利用音韻學以證戰國前後之古音，文字學以考正戰國前後之字體，及兩者之變遷流衍。於甲骨、銅器等古文尤宜留意。

(七)各家《楚辭》箋證皆其一生心血結晶，我們若肯一一取以參考，其陳腐悠謬者置之，其新穎明確者取之，比一己盲目的探索，便利良多。不過沈酣於故紙堆中的人，每有被人同化的危險，我們利用這些著作，自我意識必須清冷明瞭地保持著才行。

蘇雪林先生以爲域外文化曾二度來華，第一次來華在夏代，第二次來華在戰國時代。而屈原以其天分之高，學殖之深，感受性之敏，對於此域外文化之知識，全盤接受，並且有甚深之了解，以後乃如蜂之釀蜜，蠶之吐絲，寫成〈九歌〉充滿異域文化色彩的篇章，不足爲怪。

西亞在甚古時代即有七星壇的建築，七星者即日、月、水、火、木、金、土七重天之星，而文物制度總是由簡趨繁，七重天後又變而爲九重天，那種星壇也由七重而變爲九重了。〈九歌〉就是祭祀九重天星壇的神明，九歌歌主是隸屬於同一集團的神明。巴比倫時代的七星壇所祭祀的神道爲：

日神俠馬脩（Sharmash）

月神辛（Sin）
火星尼甲（Nergal）
水星尼波（Nebo，一作那波Nabo）
木星馬杜克（Marduk）
金星易士塔兒（Ishtar）
土星尼尼伯（Ninib）

第八重爲死神尼甲，第九重神爲生神旦繆子（Tammuz）。而屈原〈九歌〉，變成：

日神（太陽）爲東君。
月神（太陰）爲雲中君。
水星（辰星）之神爲河伯。
火星（熒星）之神爲國殤。
木星（歲星）之神爲東皇太一。
金星（太白）之神爲湘夫人。
土星（鎮星又作塡星）之神爲湘君。
第八重天主星爲蝕，其神爲大司命。

第九重天主星為彗星，其神為少司命。

屈原將有關九神的新資料與舊資料混合，而撰作〈九歌〉。又蘇雪林先生以王逸註「厲」「殤」相通，古人云「厲王殺伐」，我人知兩者皆無頭戰神，以證《史記．封禪書》八神將之兵主蚩尤，蚩尤被斬後，身首分葬兩處，實則原為無頭戰神。又註〈東皇太一〉之「吉日辰良」謂「日謂甲子，辰謂寅卯」，我們知此篇歌主為木星之神。

蘇雪林先生運用七種資料，詳細考證得知，〈九歌〉蘊藏豐富的域外宗教神話，而這些神話淵源於西亞，流傳於全世界。世界幾支古文化，如兩河流域、波斯、埃及、希臘、希伯來、印度……和中國，面貌精神，有許多相同之點，可證其同出一源。這個創見，有助於我們研究中西文化之異同。而〈九歌〉神主淵源於西亞九重天主神，更是別有卓見，影響後來《楚辭》研究者從民俗學、宗教學、人類學方面著手，使〈九歌〉、〈天問〉的眞正面目更加清晰，蘇雪林先生對《楚辭》學的貢獻，令人讚佩不已。

二、《楚騷新詁》

《楚騷新詁》共探討四篇，即是〈離騷〉、〈九章〉、〈遠遊〉、〈招魂〉。它的體例是原文、疏證、題解和歌辭的解釋。在這四篇中，都有蘇雪林的獨特見解。

㈠主張〈天問〉與〈九歌〉爲屈原使齊返國時作，爲其第一期的作品。〈離騷〉爲第一次放逐時作，乃其第二期之作品。蘇是由其技巧之更臻成熟一點來看，也可證明此說。

㈡蘇懷疑屈原第一次被謫時，〈離騷〉只有現今的三分之二，還有三分之一是後來陸續補成的；或將原稿文字自加改竄的，並且還肯定地說：〈離騷〉直到汨羅自殺前始成定本。

㈢〈離騷〉文藝上的評價：

1.〈離騷〉爲中國最早的象徵文字。

2.〈離騷〉是中國神話文學最高的準則。

3.〈離騷〉是中國唯美文學至上的典型。

㈣〈九章〉完全是屈原所撰。因爲「九」這個數目字在戰國時代極爲重要。〈九歌〉、〈九辯〉皆以九名，則〈九章〉之九，又何足爲異？

㈤蘇雪林對於〈九章〉的順序安排，是⑴〈惜誦〉⑵〈抽思〉⑶〈思美人〉⑷〈涉江〉⑸〈橘頌〉⑹〈哀郢〉⑺〈惜往日〉⑻〈悲回風〉⑼〈懷沙〉。

其意見如下：

1.〈橘頌〉不是屈原的少作，應係屈原放逐湘西時所作。屈原作品自敘之處皆用第一人身的稱呼，從無例外。〈橘頌〉「嗟爾幼志」用的卻是第二人身之稱；這人應是一位年輕人。

〈離騷〉「從彭咸之君」更在投水自殺前不久。〈九章〉也有許多篇章表示要死。他這許多作品若沒一個人替他保存，並加以流傳，恐怕他身體才沈汨羅，早已散佚了。這個年輕人是屈原在放逐途中或湘西所遇見的一位志行高潔的文學青年，其名為「橘」或其小名為「橘」。他成了屈原的伴侶，或者作了他的學生，也許便是傳說中的宋玉吧。

2.〈惜誦〉列於第一篇。這一篇列敘放逐之由，即竭忠貞以事君，反被群小進讒而致見黜，欲呼群神為之證明，又欲厲神為之占卜，宛然是一篇〈離騷〉的縮影，這是〈九章〉的總敘，好像文章的總冒，這當是屈原自己安排於九章之首的。

3.第二篇應該是〈抽思〉。篇中有「有鳥自南兮，來集漢北，好姱佳麗兮，牉獨處此異域」，可見是遠謫漢北之作。屈原第一次放逐，係在懷王朝。篇中語可以證明懷王者，其一為懷王的多怒。〈離騷〉「荃不察余之中情兮，反信讒而齌怒」，與本篇「數惟蓀之多怒兮，傷余心之懮懮」、「與余言而不信兮，蓋為余而造怒」，事實相同。其二、屈原以香花香草，象徵一切，代名詞也以香花草為喻，他呼懷王為「蓀」等於今日京白的「您」，「荃」等於今日京白的「您」。〈離騷〉最後寫定時，懷王已客死於秦，故稱之為「荃」；寫〈抽思〉時，懷王尚在，故稱之為「蓀」。其三，〈離騷〉「曰黃昏以為期兮，羌中道而改路，初既與余成言兮，後悔遁而有他」，〈抽思〉亦有「昔君與我成言兮，曰黃昏以為期，羌中道而回畔兮，反既有此他志」，意義又完全相似，故知寫作時期也距〈離騷〉不遠。

4.第四篇是〈涉江〉。〈涉江〉固爲頃襄朝再放時作，但據〈哀郢〉「九年不復」來看，則作於哀郢前九年。

5.第六篇應該是〈哀郢〉，屈原被放湘西，九年不復，何以〈哀郢〉開首有「去故鄉而就遠兮，遵江夏以流亡」，「出國門而軫懷兮，甲之鼂吾以行」，「發郢都而去閭兮，怊荒忽其焉極，難道他竟從湘西貶所回到郢都麼？蘇雪林認爲屈原放逐僅二次。第一次在漢北，第二次在頃襄十一年，被放湘西，作〈涉江〉、〈橘頌〉。及頃襄十九年，秦楚邦交又復破裂，秦舉兵伐楚，楚軍敗。屈原知道郢都難保。他放逐湘西，並未携帶眷屬，所以返郢都。將眷屬安頓後，復溯江西上，再赴湘西。

6.〈惜往日〉、〈悲回風〉兩篇，應該在〈哀郢〉以後所作。

7.〈懷沙〉乃屈原絕筆，有《史記・屈原傳》爲證。

(六)王逸後之《楚辭》注家也都說屈原遠遊無非消愁遣悶之幻想。神仙境界本不存在，說是幻想本來不錯。但屈原的幻想也不從他的腦子裏憑空產生出來，還是有根有據的。這根據便是域外傳來的知識和神話。

(七)屈原〈離騷〉和〈遠遊〉所採路線向西，可見屈原所欲趨赴的乃是大地西邊的仙洲。

(八)〈遠遊〉這篇文章，辭采之瑰麗，足與〈離騷〉並駕齊驅，而氣魄之雄偉，局面之潤大，〈離騷〉尚未能及之，不過〈離騷〉乃屈原的自敘傳，包衆三閭一生行述，結構之富於變化，又勝於〈遠遊〉。這兩篇文章可說各擅勝場，不分軒輊，可說是中國舊韻文界兩篇空前絕後的奇文、大文。

(九)對於〈遠遊〉的作者，王逸以下辭楚注家均認爲由屈原作。近代學者如廖季平、胡適、陳鐘凡、陸侃如、游國恩認爲〈遠遊〉是模仿品。蘇雪林則斷言〈離騷〉、〈天問〉、〈遠遊〉是屈原萃其畢生心血所撰的三個長篇，連〈招魂〉則爲四篇。〈離騷〉顯其文采的輝煌，〈天問〉見其知識的豐富，〈遠遊〉則示其思想的淵深。蘇更進一步地認爲，〈遠遊〉可說是〈離騷〉的姐妹篇。〈離騷〉後半篇遨遊神境，欲渡過大瀛海以達神仙所居之三角洲，以回顧故鄉，僕悲馬懷，不能更進一步，只好投淵自殺，以從其一生敬慕之彭咸了。而〈遠遊〉則不然，想入天庭，帝閽居然爲他開門，想渡瀛海，也居然讓他渡過，經歷凡人所不能經歷的境界，見了世俗想像不到的奇妙風光，上下與造物者遊，無終始者爲友。〈離騷〉之缺憾，〈遠遊〉一一爲之補足。兩篇機杼似同而實異，蘇認爲撰寫時間，當在〈離騷〉之後。

(十)蘇雪林提出屈原道家思想的問題。經過了她的一番考證，發現莊子爲戰國時代人是不成問題。與屈爲同時代人，蘇認爲他可能曾到楚國住過一段時間。她以〈遠遊〉爲例，〈遠遊〉的道家思想分爲兩層，一層是精微深造的哲學，一層是煉氣煉形的仙道。蘇舉出「壹」、「虛靜」、「無爲」、「自然」、「和德」等概念都是道家的學說。同時，〈遠遊〉裏有許多詞彙也取之於《莊子》，如「汋約」、「傳說」、「下風」、「登假」、「眞人」、「化去」、「六氣」、「導引」、「至貴」、「方外」、「太清」、「太初」、「載營魄」。

(十一)蘇雪林反對陸侃如所謂屈原死於頃襄十六年之說。她以爲我們當從游國恩的考證，屈原實死於頃襄二十年以後。再考《史記・楚世家》，頃襄以下爲考烈王、幽王、哀王最後爲負芻王，並無南獵不返者，則陸說曰無據。陸侃如將〈招魂〉著作權判歸宋玉，所舉證據，顧此失彼，對此，蘇先生直率批評道：「虧他尙自命證爲『鐵』，我看簡直脆薄得連『紙』都不如，因此，我敢主張〈招魂〉是屈原寫的，與宋玉毫無關係。太史公『余讀〈離騷〉、〈天問〉、〈招魂〉、〈哀郢〉，悲其志』這才是『鐵證』。」

(十二)〈招魂〉每句煞尾用「些」字的問題

蘇雪林表示，古時的人用猗、兮、乎、也，就和今天白話文用啊、呀、吧、嗎一樣。

依其意見，凡巫祝施行法術時，唸誦咒語，聲調皆甚急促，蓋聲調急促，出於精神之緊張，緊張又由於對神明要求之迫切。我們於僧道禮神施法達到高潮時，則樂器齊鳴，誦聲大作，成爲一種高亢急促的交響，既可見之。〈招魂〉第一段屈原自敘魂散佚之由，第三段回憶春初南征及侍從楚王雲夢游獵，語助皆用「兮」字，唯第一及第二段巫陽和工祝替他招魂，全部三四十節文字語助皆用「些」，即是模仿工祝施術時聲調。

蘇雪林教授對《楚辭》的研究是採用考據的方法，她在很多地方都獨排衆議，有她自己的看法，尤其是她認爲《楚辭》有受域外文化的影響，這是過去討論《楚辭》不曾有人提出的。但是只要她言之成理，持之有故，即使對《楚辭》的研究成果是「特殊」的，又何妨呢！

三、《屈賦論叢》

《屈賦論叢》，是蘇雪林先生研究屈賦的另一力作，也爲她的屈賦系列研究畫下不同凡響的句點。

書中網羅六十篇與屈賦相關的學術論文，各篇闡釋的重點不一，但在觀念上相互溝通，前呼後應，看似主題雜亂，實則思想連貫，一氣呵成。同時，透過研究方法的創新及相關知識的靈活運用，將中國文化與世界文化聯繫成一個有機的組合，爲中國文學的研究提供另一個思考途徑。這種結合域外文化、放棄以中國爲本位的大膽態度，雖未能全面獲得國人迴響，但已爲中國文學的研究開一新紀元。

本書的特點，大致可歸納如下：

㈠嶄新的研究路線

歷來研究《楚辭》學者，皆將《楚辭》文化視爲封閉系統，而埋首於中國文化中，尋找與屈賦相關的蛛絲馬跡。蘇雪林先生則以敏銳的觀察力，發現中國文學與域外文化不謀而合的線索，例如由崑崙四水說與伊甸四河的神秘聯繫，進而推論出屈賦神怪與域外文化的隱約關聯。

創新研究路線的第一篇專題研究〈崑崙之謎〉，作者結合歷史學、輿地學與文學，相互參照驗證，將「崑崙」一詞的初次出現於文獻的時間，以及歷代的崑崙演變加以過濾分析，再整合中國境外的「崑崙」含義，進行綜合精密的考證比對，以地圖及文字相互搭配的方式，呈現給讀者，導引讀者進入思辨洪流，隨作者的筆調，一層層突破重重險難終而豁然開朗，得出中國文化是世界文化一支的結論。

以結合域外文化詮釋中國文學，亦即蘇雪林先生自謂「一以貫之」的研究方法，全書四十餘萬言，自總論之部詮釋域外文化開始，無一不是以此種研究方法貫串，無一不在驗證中國文化是世界文化一支的結論，同時也應用域外文化的林林總總，解開屈賦中千百年的謎。

㈡突破傳統的態度

蘇雪林先生對於學術的態度是——有錯則改，不盲信權威。例如〈遠遊〉與〈大人賦〉

的關係，論者皆以爲〈遠遊〉是抄襲司馬相如的〈大人賦〉，蘇雪林先生早期亦曾如此認爲，後來則撰〈遠遊與大人賦——中國文史上一件大竊案的揭破〉一文，將〈遠遊〉與〈大人賦〉的用典作一全面考察，由神話典故、地理典故兩方面展開探討，說明司馬相如對戰國的神話典故的熟稔，再加上混淆了神話地理與實際地理的分野，故錯誤百出，經指證廿二處。在結論時則大膽宣告「文抄公是司馬相如而非〈遠遊〉的作者，且敢斷言像〈遠遊〉這種偉大的作品除了戰國時代的屈原，沒有第二人可以寫出。」由此例可證蘇雪林先生勇於突破傳統及細心求證的態度。

其實這種創新的見解，在本書中不勝枚舉，舉凡天文地理、宗教神話的難題，無一不是由作者「一以貫之」的方法（亦即結合域外文化，兩相搭配印證的方法），得到合理的詮釋。

㈢相關學科的運用

作者除了打破經史子集的侷限外，亦打破各學科的樊籬，如研究屈原〈九歌〉主神，即配合〈封禪書〉齊地八神，八神中的地神又和佛經學《大月經疏》相關聯，得知地主即死神，在天爲蝕神，推論出八神之傳入我國，爲時甚早的結論。又如〈關羽享受國人崇拜的原因〉一文，詳論民間信仰中正義的化身——關羽之所以長久以來備受尊敬的原因，除了小說的渲染之外，關羽和死神的混合也是決定性的因素，因關羽具死神的身分，主掌著人的壽命，並具為人事紛擾進行裁判的權力，與人民生活息息相關。將民間風俗與遠古文獻結合，得知在文獻中可追索民間傳說廣泛流傳的內在因素。

㈣出人意外的論點

蘇雪林先生的聯想力和觀察力，無疑是敏銳無比的，吾人所以被吸引的原因，多是其看似怪誕的命題，讀者不自覺地想一窺其中堂奧，而在閱讀完她有條有理的論述後，讀者由有疑到無疑，不得不驚服其假設的大膽與論證的精密。

在屈賦中，尚有許多疑而未決的命題，後人在中國文學的相關領域中，均苦思而不得其解。蘇雪林先生用其「一以貫之」的方法，在域外文學中探尋相似的軌跡，提出言之成理的說法，例如：〈九歌．河伯〉云：「魚鱗屋兮龍堂，紫貝闕兮朱宮」，其中「紫貝」一詞所指為何，後人只知道是一種貴重的貝類，究竟是什麼，歷來都沒有具體的說法。蘇雪林先生則提出了「紫貝」乃是腓尼基人用來產生紫色染料的貝類。這種新穎的論點脫離舊有思考的範疇，另闢蹊徑，初看時雖覺得荒誕不經，深探後則亦能認同她的自圓其說。

命題新穎的例子俯拾皆是，如孟姜女哭倒長城與娥皇女英哭舜而淚染湘竹有關，與西亞易士塔兒姊妹之哭旦繆子；埃及埃西姊妹之哭奧賽里士也有淵源。這樣的命題，很快的就抓住讀者的心，讓人覺得文學有如遊戲一般，活潑有趣。

㈤豐富的宗教神話

在《楚辭》中，宗教神話的意味原本就十分濃厚，而蘇雪林先生發現域外文化與中國文化相關涉者，亦以宗教神話居多。例如〈舊約聖經影響我國者二三事〉中，論述中國「日再中」的故事當來自舊約聖經約書亞記。二則故事都是故事主人公欲戰勝敵人，故求日停止運行，結果太陽果然依其所求不再前進。

由宗教神話入手，更緊密的將中國和世界聯繫在一起，如果不是蘇雪林先生的世界觀，也許讀者們從未想過「仙履奇緣」可能在秦漢前，便存在於中國的土地上；天文圖的獵人性與大小犬、弧矢的關聯，乃和封神傳中的楊戩攜獵犬、挾彈弓有關……凡此種種，都是讓讀者出乎意料的。

㈥流暢自然的語言

《屈賦論叢》匯集了蘇雪林先生多年來陸續發表的文章，不管是嚴謹的學術論文，或是短篇的雜文，都一致地流露她一貫的文字風格——活潑自然。在文字上的不事雕琢，使艱澀的研究論文變得平易近人，看其文章，有如見其人用輕鬆活潑的口語，向我們娓娓道來。例如〈九歌中人神戀愛問題〉一文中，提到「神的儀仗，又是和人間不同，荔柏呀，蕙綢呀，蓀橈呀，蘭旌呀，翩翩的飛龍爲我挽車呀，宛宛的玉螭爲我驂乘呀。高興起來，又可以騎白龜，逐文魚，換一副儀仗。水裡既厭了，又可以登崑崙山望望，作一趟愉快的密月旅行。」這是多麼愜意舒適的描寫！蘇雪林就是用這麼清晰美麗的文筆，將讀者帶入屈賦的唯美、神秘的境域中。

研究方法的突破與傳統樊籬的超越，是學術研究進步的重要因素，蘇雪林先生的《屈賦論叢》結合域外文化充滿神話的美感，爲我們立下了創新舊說的良好典範。她學養的豐富，析理論述的深入，令後輩學子敬佩不已，也從中吸取不少的養份。

四、《中國文學史》

第一編古代文學

其中分爲六章，由於近代學者編寫中國文學史時，有些從上古時代，也有些從《詩經》時代開始，蘇雪林從有史料爲根據，故從商代開始著筆，雖然蘇雪林相信夏代應是存在但是因爲夏史之資料尚未出土，所以從信而有徵之商代開始，故其第一章爲〈商代的甲骨金文與商書〉，在第一章中蘇雪林首先敘述甲骨文之發現，然後再敘述其推測商民族文化狀況，其中蘇雪林得到幾點結論，一、他推測此時詩歌應已產生，其所根據之理由爲在甲骨文中已有許多有關樂器與舞蹈，所以詩歌於此時必然已經產生。二、散文也植有基礎，對於散文認爲乃應表現於卜辭中，由於古人臨事必卜，所以蘇雪林認爲此和散文之產生必然有關。然而對於商代文學蘇雪林亦認爲彝器文字亦不可不考，故於本章中亦及金文，且其又從《尙書》中之《商書》提出合論，把《商書》中之〈湯誓〉、〈盤庚〉、〈高宗肜日〉、〈西伯戡黎〉、〈微子〉等五篇提出，雖然蘇雪林也知有許多應爲後人述古之作，然而蘇雪林獨排衆議認爲我們評論《尙書》的一些文字尺度應放寬才是。第二章乃是〈詩經時代〉，本章中蘇雪林對於《詩經》之體裁採用《南》、《風》、《雅》、《頌》四者分論之結構，爲顧全《詩經》之完整性，所以依照傳統而照《風》《雅》《頌》之次序，再將《南》列於最前，其中蘇雪林舉前人對於二南之說爲據，說明「南」應獨立出來，而且從二南之作品產自南方而認爲此南字應作南北之南字解，書中另闢〈周南〉及〈召南〉二小節，認爲二南中有許多好的情詩但卻被前人誤解不少，第二節爲十《國風》，其中蘇雪林認爲二〈南〉獨立，〈邶〉〈鄘〉有目無詩，〈秦風〉另論，所以所謂之十五〈國風〉僅剩十〈國風〉，且將十〈國風〉之次序改變爲〈豳風〉、〈檜風〉、〈王風〉、〈衛風〉、〈唐風〉、〈齊風〉、〈魏風〉、〈鄭風〉、〈曹風〉、〈陳風〉，如此依照時代先後加以改變其次序，爲其他文學史作品所未言及。第三節爲〈大小雅〉，《雅》又分大小二部，然蘇雪林認爲《大雅》中許多篇章均較《小雅》爲古，所以顚倒次序說明之。其後再敘述三《頌》。第三章爲〈周書與周易〉，對於《周書》蘇雪林先生並未完全否定其內容，而選擇幾篇有問題之篇章加以討論，對於〈秦誓〉則延後至較後之章節中討論。至於《周易》，蘇雪林先生認爲《易經》不過是古代卜筮之書、對於全書之寫定年代亦有表示意見。第四章爲〈楚辭時代〉，在此章中蘇雪林先生以考證說明二《南》並非是楚風，具有創見，而且此章中特別說明屈原之作品，如〈九歌〉、〈天問〉、〈離騷〉、〈九章〉、〈招魂〉、〈遠遊〉等篇，且各篇中均有其獨特之見解。第五章爲〈春秋戰國的散文〉，以往其他文學史對於此時期的散文，大都僅提及諸子之文，而未將經書納入其中，而蘇雪林先生則將儒家經典及子學均包含於其中，故能見其兼容並蓄之思想，第六章爲〈秦代文學〉，對於秦代文學，他認爲應由秦民族強盛時期說起，秦民族前期的韻文以《詩經》中之〈秦風〉爲代表，散文則以《尙書》中之〈秦誓〉爲代表，另外亦介紹了石鼓文及刻石銘，後期則論及《呂氏春秋》及《戰國策》等書，對於各書也有詳細之介紹。以上爲蘇氏《中國文學史》之第一編。

第二編漢魏六朝文學

第七章〈兩漢的樂府〉，蘇雪林先生將兩漢樂府分爲：㈠郊廟樂府，㈡外國樂府，㈢民間樂府，其下在分門別類將所可考之樂府分類於其下，如此呈現出有系統之兩漢樂府之概況。第八章爲〈漢代的五言詩〉，本章首敘五言詩之產生時代，認爲一切新文學的來源都在民間，故贊成五言詩乃起於漢民間樂府，對前人之說亦做一檢視，又分別介紹古詩十九首及〈怨歌行〉，就詩句考證其時代爲何，同時本章中亦述及建安之詩人。第九章爲〈兩漢的詞賦〉，一開始蘇雪林先生先爲兩漢之詞賦做探源，認爲漢賦不出於詩經，而出於楚騷，其後就漢代之賦家做介紹，在敘述之同時亦涉及作品之考證及分析，且對作者亦有所評判，末尾亦對漢賦有所論定，歸納出漢賦所具有的兩種特色，即是華麗與鋪排。第十章爲〈兩漢之散文〉，認爲前漢文字以政治論文、歷史文學爲特創，故其下依政治論文及歷史文學分別敘述，各舉其重要作家及其作品以爲論述，末尾又及漢代之評論文集，全章爲漢代之文學做一概括性的介紹。第十一章爲〈南北朝的樂府〉，蘇雪林先生將其樂府分爲舞曲、清商曲與雜曲三部份，其下再分門別類做系統性之歸納，且在各部份較有問題之處，引用近人之研究成果加以說明。第十二章爲〈漢魏六朝的五言詩〉，本章囊括之範圍廣大，將正始、太康、永嘉、及其後之宋、齊、梁、陳四朝盡述於此，其中亦間及北朝之文學，蘇雪林以時代爲綱領分敘各代之作家，且擇其要者詳細敘述，對陶淵明亦多好語。第十三章爲〈魏晉六朝的詞賦〉，論及賦體形式之改變，與詞賦作家之生平、作品風格，亦涉及時代對於賦之影響，文中對於此一時代之賦做一番之推測，得出結論爲此時賦之體裁縮短，且呆板的鋪排堆砌已經消滅，認爲賦中之五七言詩句乃從六朝小賦中變化得來。第十四章爲〈魏晉六朝的散文〉，蘇雪林先生將魏晉文學區分為名士文學及玄學論文，以此兩類為系統之綱領，分別介紹其成立之原因，及重要之作家，且於此章中亦論及六朝之文藝批評，討論文學是什麼？文學之目的何在？文學之價值如何？文學對於人生是否有關係？

第三編為唐宋文學

第十五章為〈初唐及開天時代之詩歌〉，認為隋和初唐的一百年文學應當化入六朝之範圍，而眞正唐代文學應從開元天寶算起，對於唐代文學既不贊成古人之分期法，卻又不得不分，故將唐文學分為天寶大亂為第一期，天寶大亂後至中唐為第二期，長慶至大中為第三期，咸通至天祐為第四期，其後將各時期之文學分述於其後。第十六章為〈天寶以後至唐末的詩歌〉，認為此時之詩歌為寫實主義，在本章中介紹杜甫等詩人，其中又劃分此時期為二，說明期間詩風之演變，文字非常簡潔。第十七章為〈中唐的古文運動〉，在本章中先為古文作界定，然後說明舊古文演變之過程，從先秦之諸子百家之文至中唐之古文運動前做一概略之敘述，且為其中之重要作家與作品做了一一的介紹。。第十八章為〈兩宋之詩歌〉，蘇雪林先生認為宋詩在唐詩之外自有其特色，依時代先後介紹重要詩人之作品，時間橫跨兩宋，但其敘述具有條理。第十九章為〈宋代古文的復興〉，先說明唐代之古文運動之成績，然後介紹宋代古文家之創作成果與特色，並兼及宋代之筆記、語錄等文體，同時也評論其成績。

第二十章爲〈晚唐及兩宋的詞〉，首先說明詞之起源及其性質，強調詞和音樂之關係，接著從唐代說明詞的風格之轉變直到宋，對於宋代將之分爲三期說明，舉其重要之作家分別說明其風格。第二十一章爲〈唐傳奇和話本〉，在此章中先說明其性質，然後舉其重要作品說明其內容，其中分爲文人及平民之作，藉此說明其中作品之分別。第二十二章爲〈遼金文學〉，一般文學史對遼金文學都不大注意，蘇雪林先生認爲其中之文學頗有可述者，分遼金兩部分別敘述，尤其著重於金源文學，且將之分爲三期詳細敘述。

第四編為元明清及近代文學，共分為八章

第二十三章爲〈元明的詩歌〉，分元明兩部分敘述，這兩部分均舉其重要之作家說明其時代之文風，且各說明其中之優缺點，文字頗爲簡明。第二十四章爲〈清代之詩歌〉，對於清初舉錢謙益及吳偉業爲代表，而對詩派則以其領導者爲代表，說明其詩作及詩風，亦且兼及清末之詩人，具有明確的脈絡。第二十五章爲〈元明清的散文〉，首先說明元代之文壇狀況，亦說明其作品特色。明代部分舉其重要之作家，及小品文之作家，清代側重桐城派，分別說明桐城三祖之文章特色及主張。第二十六章爲〈元代的雜劇與散曲〉，認爲眞正之元曲以雜劇爲代表，其中介紹雜劇之構造及重要作家，且將之分爲二期以說明雜劇之演變，末尾亦說明散曲之起源及重要作家。第二十七章爲〈明清的傳奇與散曲〉，蘇雪林先生將傳奇之結構與印度戲曲作一比較，用以支持傳奇由印度傳入之論調，且亦說明傳奇與雜劇之分別，述評《荊》、《劉》、《拜》、《殺》諸作，也簡單討論了明清之傳奇。第二十八章爲〈元明清之長篇小說〉，先說明早期之長篇小說之狀況，然後就《水滸傳》、《三國演義》、《西遊記》、《金瓶梅》等說明其書之內容及特色與價值，然後再綜論清代之長篇小說，詳言其風格與特色。第二十九章爲〈西洋文化的輸入與五四運動〉，說明中國接受西洋文化之步驟爲三期，然後就此三期中之重要之學者言論爲證，說明其情況，論述在散文及文字上所受之影響，其時間兼及民國。第三十章爲〈現代文壇鳥瞰〉，此章爲對新文學創作之檢討，說明自民國以來中國文壇接受新文學，及創作新文學的成果，由新詩、小說到戲劇都有論及，對於新文學之論述，蘇雪林先生之用心實可謂鉅細靡遺。

五、《唐詩概論》

文字的風采、神韻、形式，是作者生命影像的反射。《唐詩概論》雖是一學術性的著作，但是我們由書中仍可清楚地體認到這點。蘇雪林教授爲我國文壇耆宿，其著作之豐，研究態度之嚴謹，歷來即爲學術界所共同推崇。《唐詩概論》是其衆多著作中的一本小書。雖說是本小書，然觀其內涵，則可見其精微的思路與文鋒，以及對唐詩興衰流變的獨到見解。本書之作，實可補文學史上有關唐代詩壇部分的不足；並可做爲研究唐代詩風與詩人的寶貴參考資料。

本書共分二十章，首先論唐詩隆盛的原因與變遷的概況，並依時間先後，依次論及各個時代的重要詩人；同時以各時期的獨特詩風爲主軸，對於邊塞、隱逸、浪漫、寫實、險怪、淺近、唯美等詩風的發展多所著墨。引詩論事，文筆圓融流暢，說理精闢自然，論證獨到確實，是少數兼具學術價值，而又不會令讀者感到枯燥的作品。

(一)唐詩的隆盛與流變

本書首章論及「唐詩隆盛的原因」時，即摒棄歷來論唐詩者所標榜的「科舉以詩取士」的說法，認爲這個觀並不全然可信。其云：

> 考《唐書‧選舉志》最初選舉科目多至十餘，而秀才、明經、進士、明法、明字、明算等名目，所試以經爲重，亦常試賦。其後秀才、明經、進士三科，試亦僅用策；漸加箴銘、論、表等雜文，漸進而用賦；至開元七年才正式以詩取士。而且大詩人如李白、杜甫，進士榜上都沒有他們的名字。（見本書第三頁）

並引楊愼《升庵詩話》的論點：「詩之盛衰，係於人之才與學，不因上之所取也。漢以射策取士，而蘇、李之詩，班、馬之賦出焉；此係於上乎？屈原之騷，爭光日月，楚豈以騷取人耶？」這段說明，可以說是蘇教授論點的有力佐證。在推翻前人論說之後，並建設性的提出了「學術思潮的壯闊」、「政治社會背景之絢爛」、「文學格調創造之努力」作爲唐詩隆盛的主因。觀其論說，再參以整個唐代的文學社會背景，更能明瞭蘇教授理路的清晰與論點的周詳。蘇教授認爲：唐代由於時代的因緣際會與外族的文化交流，使唐代的「人民眼界之廣，心胸之闊，智識之富，思想之超越深邃，均超軼任何時代」。換言之，由於民族活動力強，所以唐代詩人在創作上的表現，自然也就爆發出無限的活力了。這些論點，可說是經過細心觀察比較之後的精當結論。

二章論「唐詩變遷之概況」，檢討前人對於唐詩分期的優劣，再參以己身的意見，將唐詩分爲五期，即「繼承齊梁古典作風的時期」、「浪漫文學隆盛的時期」、「寫實文學誕生的時期」、「唯美文學發達的時期」及「唐詩的衰頽時期」，並分別說明所持的理由，皆可謂允當中肯。言「唯美文學發達的時期」，並舉西洋象徵主義的文學加以比較，朦朧隱約間，揭開了中國詩歌史上的另一種新境界。這樣的觀照的確是新穎而獨到的。

㈡繼承齊梁古典作風的時期

三、四、五章分論「初唐四傑」、「沈宋與律詩」及「初唐幾個白話詩人」概屬於其唐詩分類中的第一期。對於盧、駱、王、楊四傑在詩歌上的成就，則表揚其音樂上的貢獻，認爲四傑作品對音節極爲講究，提出「隔句押韻」、「多用鉤句」、「駢句字句秀媚」爲其主要特色。同時，書中並指出：四傑紹承梁陳遺風，除氣象略加博大外，並無太多貢獻，這也是四傑爲人所不滿的原因之一。凡此，皆可說是對四傑整體作品的允評。

四章論沈佺期、宋之問的「律詩運動」，並歸之於帝王的鎔陶，這都是考慮客觀的歷史環境因素之後，所提出的明確之見。五章則略論初唐的白話詩人，王績、王梵志、寒山子等人，雖對當時文壇並無太大影響，但因胡適先生於《白話文學史》中特別表彰之故；且以今日的眼光看來，這類白話詩語言通俗，內涵則表現中國傳統的樂天知命人生觀，正是「民衆詩人本色」，所以特立一章闡述。

㈢浪漫文學隆盛的時期

至於六、七、八、九、十章，則可歸納爲唐詩分期中的第二期「浪漫文學隆盛的時期」。此期分別論述：戰爭與邊塞詩人，隱逸與自然詩人，以及浪漫文學的主力作家李白。由於開元、天寶年間，正是唐代國力鼎盛的時期，故能產生燦爛的浪漫文學。書中對於賀知章、張旭、張若虛等人，在樂府新詞的詩風轉變上所做的貢獻並未忽略；以及王昌齡、王之渙、李頎、崔顥、王翰等人，在五七絕的提倡與歌行雜體的試作，或舉前人評論，或引詩以例證，也都給予客觀的表揚。

而被視為唐代文學特產的戰爭與邊塞作品，作者也以深刻的觀察研究，得出唐代的對外用兵實為民族自衛戰爭，而非侵略性戰爭。因而提出「這種民族自衛戰爭，不惟有促使民族向上的力量，而且有啓發文藝靈源的功效。」（本書第五十二頁）並對岑參、高適、王之渙等邊塞詩人作品作深入分析，使吾人欣賞此類詩作時，能有深刻的認識與體會。

與「變動」、「雄壯」、「濃烈」的戰爭文學相對的，是以「恬靜」、「溫柔」、「澹遠」為特色的自然文學。根據蘇教授的意見，他認為自然派文學產生的時代背景是：「道教之升為唐朝皇家正教，歷代君主都尊重隱逸。」詩人隱居，或為修鍊，或為讀書，目的雖不一，但都因與自然的接觸發為謳歌，從而使唐代詩壇上充滿山光鳥語、任眞自得的情趣。本書除對主要詩人王維、孟浩然著墨頗豐外，亦兼論及儲光羲、祖詠、綦毋潛等人的詩作。

至於浪漫派的代表，首推李白。李白為唐代浪漫文學之集大成者。書中除對李白的生平與死因有考據介紹外，對於李白亦仙亦俠的性格所造成的詩作特色，則提出三點看法：「意氣的豪邁」、「詩思的飄逸」、「思想的頹廢」。引詩證事，所論極具說服力。試看書中論李白由成仙的失望，轉而逃避酒鄉的述說：

> 從夢想的仙鄉一交跌入醉鄉，這一跌是非同小可的。更加功名屢次失望，愈加灰心，甚至反動起來，講究現世的享受，否認道德的存在，成了一個極端的頹廢詩人了。
>
> （見本書第七九頁）

藉由這段文字的詮釋，我們更可通情地理解李白詩中：「但願長醉不願醒」的苦悶情緒。而這也正是本書在文字敘述上的魅力所在。

㈣寫實文學誕生的時期

十一章至十六章則屬於唐詩分期中第三期的「寫實文學誕生時期」。所論述的主要代表詩人有：杜甫、韓愈、孟郊、元稹、白居易等人。此時期雖統稱爲「寫實文學」，實則仍有劃分。杜甫爲寫實主義的代表，韓、孟爲險怪派的代表，元、白則爲功利派代表。在論「寫實主義開山大師杜甫」這章中，從社會環境與天才立論，分內容與形式來談論杜甫的詩。就內容而言，杜甫的詩是「寫實天才的表現」，是「偉大人格的映射」，是「詼諧趣味的流露」；就形式而言，杜甫是「用氣力做詩的第一人」，對「新詩體創造極其努力」，以及「作品的體裁異常廣博」。所論不僅詳實，且有特出的發見，使人對杜甫其人其詩能有較爲宏觀的認識。

至於大歷諸詩人，蘇教授給予「優美」而非「壯美」的評價。原因無他，以大歷諸詩人之詩與李、杜並讀，便有此等感受。另外，以韓愈為首的險怪派詩人，書中也以極大篇幅做介紹。對於韓愈「以散文的方法做詩」，「以字書入詩」，「以作賦方法作詩」及「故意求其醜」的詩作表現，剖析相當精當。使閱書者對韓愈及其他險怪派詩人的作風，能有較為通盤的了解。而此期中，以白居易為首的白派詩人，作風正好與險怪派成對比。此派所標舉的是「平易」、「白俗」、「老嫗都解」的風格，希望「借文字之功，來做一番裨益政教的工作」，以達到「文章合為時而著，詩歌合為事而作」的目標。所以諷諭類的詩最為白派詩人所看重。本書中對此派詩人的介紹，筆調生動詳實，取材較文學史更為豐富。

(五)唯美文學發達的時期

十七到十九章屬於唐詩分類中的第四期，「唯美文學的發達時期」。分別就李賀、李商隱、溫庭筠、杜牧等唯美派詩人做介紹，亦旁及王建、王涯、段成式等詩人。書中對唯美文學興起的時代背景亦有深入闡釋，使讀者不致忽略一時代文學風氣產生的背景因素。十七章中則對於「詩謎專家李商隱」的作品，考證其背景，搜索其寄託，讀者閱此，乃能在李商隱朦朧象徵的詩中，保持一顆清醒的心，不致墜入五里霧中。

(六)唐詩的衰頹時期

本書二十章介紹唐末詩壇，亦即所謂「唐詩的衰頹時期」。由於政治的混亂，影響所及，詩壇也呈現「洪波之末流」的態勢，各派詩風皆蹈襲前人。書中分唐末詩爲五派：有學白居易的通俗派，如杜荀鶴、羅隱等人；有學賈島的「幽峭僻苦派」，如李洞、周賀等人；有學張籍的「清眞雅正」派，如司空曙等人；有學溫、李及杜牧的唯美派，如韓偓、趙嘏等人；還有學韓愈的皮日休、陸龜蒙等人，此派可說是唐末詩人中成就較高者。所以，蘇雪林教授對此二人的評價也是傾向正面的，其云：

> 條暢充沛，清越峭拔，意無不言，言無不盡，宋人以議論入詩，已導源於此。

（見本書一九〇頁）

此語不僅對唐詩做一系統性的總結，同時，也點明了唐詩與宋詩的關聯。

(七) 結語

綜觀全書，結構謹嚴，條分縷析，筆風流暢，言簡意賅。閱罷本書，整個唐詩的發展脈絡、風格流變，便已了然於胸中。本書對於有志學術研究，以及對唐詩的源流與發展有興趣的朋友來說，都是不可多得的好書，值得推薦給海內外知音共賞。

六、《玉溪詩謎正續合編》

元好問〈論詩絕句〉云：「望帝春心托杜鵑，佳人錦瑟怨華年。詩家總愛西崑好，獨恨無人作鄭箋。」李義山的詩，一向以晦澀難解著稱。蘇雪林先生於本書中試圖透過考證的方式解開義山的詩謎。書名「正續合編」可知是將舊作與新作合併成書。正編乃成書於一九二七年四月，其主要可分成三個部分：一是引論，一為義山與女道士戀愛的關係，一是義山與宮嬪戀愛的關係。至於續篇乃成書於一九八六年三月，相差近一甲子之久。其主要可分為兩部分：一為論李商隱詩研究論文集。一為李義山的戀史。總得來說，作者於書中有多處前人所未發的創見，有極高的價值。

由於本書體例上分成正編和續編兩部分，故為行文之便，筆者亦分別介紹之。

(一)正編

(1)引論

李義山詩隱僻晦澀，而歷來對義山詩的見解各有不同。有的以為義山隱僻難解之詩就如同楚辭中的美人香草，古詩的託夫婦以喻君臣。以為義山之詩多所寄託。有的以為義山詩的隱僻難解正是義山詩的優美之處，若說穿了，反成嚼蠟。更有的以為義山詩的隱僻難解是因他的才力不足所致。

蘇雪林先生一反前人之說，提出自己的創見。她以爲義山詩既非有所寄託，也非有所諷刺，更非他才力不足。義山詩一首首都是極香豔，極纏綿的情詩，他的詩除掉一部分外，其餘都是描述他一生的奇遇和戀愛事跡。

同樣生於晚唐的溫庭筠和韓偓大方的將他的戀愛故事形諸詩詞，而義山卻爲何躲躲藏藏？蘇先生認爲義山用隱僻難解的筆法來寫其戀情，並非懼於清議，而是他戀愛的對象非尋常女子。若昭然寫出，非但對方名譽受損，連生命都有危險。義山是有他不得已的苦衷，因此只得挖空心思，製造巧妙的詩謎，讓後人去猜。至於義山的戀愛對象，蘇先生以爲有女道士、宮人、妻和娼妓四類。後兩類因著墨不多，也無神秘感可言，故以女道士和宮女爲主要討論對象。

(2)與女道士戀愛的關係

唐代自從高宗尊老子爲玄元皇帝以來，歷代皇帝群臣皆相當尊崇道家學說，如此獎勵提倡，道教於唐代可說是十分發達。而且當時產生的一種特殊的婦女階級，蘇先生名之爲「半娼式的女道士」。唐時女道士不乏刻苦清修之人，而借出家以便其交際自由的，也不在少數。這些女道士有的通曉文墨，士大夫喜與之交往。且女道士所收的女冠中有不少出身貴族，有官迷的人，與女冠交往，倒是一終南捷徑。李義山所戀愛的女道士乃由宮女出身，她姓宋名華陽。義山與這名女道士的戀愛事跡可見義山〈月夜重寄〉一首：

偷桃竊藥事難兼，十二城中鎖彩蟾。應共三英同夜賞，玉樓仍是水晶簾。

但不久，女道士旋即負心，後雖重聚，但對他仍甚冷淡。故義山也不甚眷戀。而與宮嬪展開另一段情。

(3)義山與宮嬪戀愛的關係

這部分乃正編的重點所在。蘇先生先說明何以宮禁森嚴，但義山卻可與宮女往來之背景。其次，根據詩文史料推測義山如何進宮，又其戀愛的女子爲何，發展又如何。最後以對〈錦瑟〉詩的新詮釋作結束。

蘇先生以爲唐代女權發達，女子對於戀愛自由的覺悟，而且文人對性解放的呼號。加上帝王的放縱，和公主外戚的表率。在唐代宮闈不肅、社會對性態度的開放的背景之下，義山方得以與宮嬪。義山之得以入宮，蘇先生以爲因宮中有醮祭之事，義山託永道士相攜，假扮羽士而得以入宮。而得以和同樣來自淅東的盧氏姐妹在偶然的情況下相談，進而發生戀情。

至於義山相戀之宮嬪，蘇先生大膽的用《杜陽雜編》等史料及義山詩文推測出爲盧氏姐妹——飛鸞和輕鳳。兩人本爲敬宗舞女，敬宗崩後，文宗納之後宮，生子宗儉。但是，飛鸞和輕鳳姐妹卻在一次事件中，雙雙畏罪投井自殺。二人死後，義山悲悼異常，追悼之詩極多。蘇先生最後以〈錦瑟〉詩爲本節作結。他以爲錦瑟詩是義山愛情紀念之物，錦瑟一詩也是悼亡之詩，不過所紀念、所追悼的，乃是他所戀愛的宮嬪，和自己的妻子無關。

錦瑟無端五十絃，一絃一柱思華年，莊生曉夢迷蝴蝶，望帝春心生杜鵑，滄海月明珠有淚，藍田日暖玉生煙，此情可待成追憶，只是當時已惘然。

「莊生曉夢迷蝴蝶」，言昔日和宮嬪戀愛之快樂，有如做夢一般，幾乎不敢自信有此奇遇。「望帝春心生杜鵑」謂宮嬪冤死，魂當化爲啼血之杜鵑，以訴不平。「滄海月明珠有淚，藍田日暖玉生煙」．是指義山贈宮嬪作爲紀念品之玉盤而言。義山對於自己悲慘的愛情只好隱約曲折的將自己的情史，做在燈謎似的詩裏，教後人自己去猜，又恐後人打不開這嚴密的箱子，辜負了他一片的苦心，所以又特製一把鑰匙。而這把鑰匙便是〈錦瑟〉詩。

(二)續編

續編部分爲蘇雪林先生於正編之後近一甲子寫成的。主要可分成兩個部分。

(1)第一部分　論一本風旛式的詩評書——李商隱詩研究論文集

《李商隱詩研究論文集》爲國立中山大學中文系合編的一本有關李義山詩歌研究論文，所收論文長短八十餘篇，近九十萬字。這本論文集中引用了不少蘇先生《玉溪詩謎》的觀點，或有贊同，或有反對。也因此引發蘇先生的興趣，於是有續編的產生。

第一部分主要是蘇先生對論文集中某些學者質疑正編論點的一些辯護。其中又可分爲三個部分：一是對否認李詩本事者的答辯。前面已介紹過蘇教授以爲李義山所戀愛的對象爲女道士及宮嬪，因爲她們的身份特殊，所以義山不得不用隱僻晦澀的筆法來描寫自己傳奇而悲淒的戀情。但有些學者以爲蘇先生的這一番論點固然發前人所未發，但大半是由義山詩的字裏行間揣測出來的，而無客觀的證據。而蘇先生便於此爲自己一一辯論，並加以說明。其次，是古今對李義山艷情詩的推測。義山的詩晦澀隱僻，難於理解。但人皆有好奇心，越深奧，越要鑽研。因此，自宋初至今有不少的學者試圖尋找破解義山的詩謎。蘇先生於此一一說解古今對義山詩推測的得失，其中有傳統中國式的觀點，有十九世紀「象徵主義」的觀點，也有近人應用西洋心理學說及其文藝理論的觀點。蘇先生以爲唯有從詩的「本事」下手方得以窺見義山詩中的奧秘所在。

(2)第二部分　李義山之戀史

李義山與女道士及宮嬪的戀情即蘇雪林先生於正編一書的創發之處，蘇先生也依此來詮釋義山詩中千古難解之謎。因此，在續編之中蘇先生又將他這一得意的論點，再加以詳細敘述一次。同樣的，這部分也依正編的方式，分爲上下兩小部分。(上)的部分是李義山與女道士戀愛始末。(下)的部分是李義山與宮嬪戀愛始末。當然正續兩書前後差近六十年，所謂後出轉精，續編之中不免加入新的資料，以求完備。同時在陳述這兩次戀情上，也更加的仔細而詳盡。

《玉溪詩謎正續合編》最大成就乃在發現李義山與女道士及宮嬪的戀愛故事。而這成就則是蘇雪林先生窮搜博覽，抉幽發隱見人之所不能見，言人之所不能言，一方面根據義山詩中的本事，一方面依據史料，破解李義山詩中之謎團，形成一家之言。而且蘇先生研究義山艷情詩，並非只憑一首二首而妄生臆測。而是由義山整體的詩歌中去探索其中的意涵，這種見樹又見林的方式是值得我們學習的。

古今文海騎鯨客——蘇雪林

伍—六四

蘇雪林教授著作簡目

一、專書目錄

1.《詩經雜俎》，台北：台灣商務印書館，民國八十四年。
2.《蘇雪林山水》，台北：行政院建設委員會，民國八十三年。
3.《天問正簡》，台北：文津出版社，民國八十一年。
4.《屈原與九歌》，台北：文津出版社，民國八十一年。
5.《我們的八十年》，台北：時報文化，民國八十年。
6.《浮生九四》，台北：三民書局，民國八十年。
7.《遯齋隨筆》，台北：中央日報，民國七十八年。
8.《玉溪詩謎正續合編》，台北：台灣商務印書館，民國七十七年。
9.《雪林散文集》，蔡清富編，天津：百花文藝出版社，民國七十七年。

10.《抗戰時期文學回憶錄》，台北：文訊，民國七十六年。
11.《袁昌英文選》蘇雪林編，台北：洪範，民國七十五年。
12.《中國二三十年代作家》，台北：純文學，民國七十二年。
13.《猶大之吻》，台北：文鏡，民國七十二年。
14.《燈前詩草》，台北：正中，民國七十一年。
15.《屈賦論叢》，台北：國立編譯館中華叢書編審委員會，民國六十九年。
16.《二三十年代的作家與作品》，台北：廣東，民國六十八年。
17.《我論魯迅》，台北：傳記文學，民國六十八年。
18.《楚騷新詁》，台北：國立編譯館中華叢書編審委員會，民國六十七年。
19.《風雨雞鳴》，台北：源成，民國六十六年。
20.《蘇雪林自選集》，台北：黎明文化，民國六十六年。
21.《唐詩概論》，台北：台灣商務印書館，民國六十四年。
22.《天問正簡》，台北：廣東，民國六十三年。
23.《屈原與九歌》，台北：廣東，民國六十二年。
24.《秀峰夜話》，台北：愛眉文藝，民國六十年。

25.《中國文學史》，台中：光啓，民國五十九年。

二、論文目錄

〈談師道〉，《文壇》，一一三期，民五十八年十一月，頁四—五。

〈東君與日神〉，《成功大學學報》，五期，民五十九年五月，頁一—二二。

〈遠遊與大人賦〉，《文藝月刊》，十七期，民五十九年十月，頁五一—六七。

〈古人以神名爲名的習慣〉，《成功大學學報》，六期，民六十年六月，頁一—一六。

〈詩經所供給的典故、詞彙、成語(上)〉，《暢流》，四十四卷一期，民六十年八月，頁五—八。

〈詩經所供給的典故、詞彙、成語(下)〉，《暢流》，四十四卷二期，民六十年九月，頁七—八。

〈詩經所顯示的社會各階層生活狀況〉，《文藝復興》，廿五期，民六十一年一月，頁一四—一七。

〈三一與泰一〉，《大陸雜誌》，四十四卷二期，民六十一年二月，頁七—一六。

〈「爲楚辭國殤新解質疑」——敬答陳炳良先生〉，《大陸雜誌》，四十四卷二期，民六十一年二月頁一七—一九。
〈國殤與無頭戰神再考(上)〉，《暢流》，四十五卷四期，民六十一年四月，頁二三—二六。
〈國殤與無頭戰神再考(下)〉，《暢流》，四十五卷五期，民六十一年四月，頁一六—一八。
〈蘇詩之喜用擬人法以童心觀世界〉，《暢流》，四十五卷八期，民六十一年六月，頁五四—五七。
〈蘇詩之間達氣暢筆端有舌〉，《暢流》，四十五卷十期，民六十一年七月，頁四—七。
〈詩經裡的神話〉，《文藝復興》，三十一期，民六十一年七月，頁六—八。
〈蘇詩之富於哲理〉，《暢流》，四十五卷十一期，民六十一年七月，頁一二—一三。
〈蘇詩之用小說俗諺及眼前典故〉，《暢流》，四十五卷十二期，民六十一年八月，頁六—七。
〈詩經可矯正史缺失的資料〉，《文藝復興》，三十三期，民六十一年九月，頁二三—二六。
〈「屈賦新探」自序〉，《東方雜誌》，六卷八期，民六十二年一月，頁七五—八一。
〈爲迦尼薩問題再答陳炳良先生〉，《中國語文》，卅二卷六期，民六十二年六月，頁五二—六八。
〈天問亂辭前八句解釋〉，《文壇》，一六六期，民六十三年四月，頁四〇—五〇。

〈「天問正簡」自序〉，《中國天主教文化》，一期，民六十三年四月，頁七二—七六。
〈天問、天文問題之一(2)〉，《暢流》，四十九卷七期，民六十三年五月，頁四—七。
〈天問裡的夏啓〉，《暢流》，四十九卷八期，民六十三年六月，頁四八—五二。
〈天問后羿的故事〉，《暢流》，四十九卷九期，民六十三年六月，頁三二—三九。
〈天問亂辭後十六句的疏解〉，《暢流》，四十九卷十一期，民六十三年七月，頁二六—三〇。
〈夏王朝存在與否的問題〉，《暢流》，五十卷一期，民六十三年八月，頁四—七。
〈離騷九疑考〉，《中央月刊》，六卷十期，民六十三年八月，頁一〇二—一〇四。
〈論徐志摩的詩〉，《文藝月刊》，六十三期，民六十三年九月，頁六—一〇。
〈心靈探險與學術研究〉，《中央月刊》，七卷五期，民六十四年三月，頁七三—七六。
〈我所認識的徐志摩〉，《中國文選》，九十八期，民六十四年六月，頁六二—七一。
〈「中國」名詞的由來〉，《中國語文》，三十七卷一期，民六十四年七月，頁七一—七四。
〈域外文化第一度來華的根據地〉，《中國語文》，三十七卷四期，民六十四年十月，頁四一—九。
〈民族與民族文化〉，《中央月刊》，七卷十二期，民六十四年十月，頁九七—一〇一。

〈論九章〉，《暢流》，五十二卷九期，民六十四年十二月，頁一四—一九。
〈史前文化與屈賦〉，《東方雜誌》，九卷七期，民六十五年一月，頁四一—五一。
〈李曼瑰教授及其重要劇作(上)〉，《暢流》，五十三卷一期，民六十五年二月，頁一〇—一四。
〈李曼瑰教授及其重要劇作(中)〉，《暢流》，五十三卷二期，民六十五年三月，頁一八—二二。
〈李曼瑰教授及其重要劇作(下)〉，《暢流》，五十三卷三期，民六十五年三月，頁一〇—一四。
〈讀「溥儀自傳」〉，《文壇》，一九二期，民六十五年六月，頁一四—一六。
〈人祖伏羲〉，《暢流》，五十四卷三期，民六十五年九月，頁一四—一七。
〈九章哀郢題解(上)〉，《暢流》，五十四卷五期，民六十五年十月，頁一一—一四。
〈九章哀郢題解(下)〉，《暢流》，五十四卷六期，民六十五年十一月，頁一四—一八。
〈舊約聖經影響我國者二三事〉，《暢流》，五十四卷七期，民六十五年十一月，頁二五—二七。
〈九章悲回風〉，《暢流》，五十四卷八、九期，民六十五年十二月，頁一四—一七。

〈西亞創世史詩與馬杜克故事〉，《暢流》，五十五卷一期，民六十六年二月，頁六—七。

〈埃及奧賽里士(Osiris)的傳奇〉，《暢流》，五十五卷四期，民六十六年四月，頁一六—一九。

〈希臘月神故事〉，《暢流》，五十五卷五期，民六十六年四月，頁一三—一四。

〈「風雨雞鳴」自序〉，《文壇》，二〇九期，民六十六年十一月，頁一六—一九。

〈曾孟樸的魯男子及其父子的文化事業〉，《暢流》，五十八卷十期，民六十八年一月，頁一五—一九。

〈重讀曾（孟樸）著「孽海花」〉，《文壇》，二二五期，民六十八年三月，頁一〇七—一二九。

〈關於楚騷新詁的話〉，《暢流》，五十八卷一、二期，民六十七年八—九月，頁四—七。

〈論徐志摩的詩〉，《文學思潮》，二期，民六十七年九月，頁一六三—一七八。

〈眞美善雜誌與曾孟樸〉，《暢流》，六十卷十二期，民六十九年二月，頁一六—一八。

〈二三十年代作家與作品——文評與文派之部〉，《中山學術文化集刊》，二十五期，民六十九年三月，頁三七三—四四二。

〈徐志摩的散文〉，《文學思潮》，七期，民六十九年七月，頁一八九—一九四。

〈我在抗戰時期的文學活動〉，《文訊月刊》，七、八期，民七十三年二月，頁二六一—二七一。
〈書話〉，《新書月刊》，十一期，民七十三年八月，頁五八—六〇。
〈「趣味民間故事」自序〉，《中國語文》，五十六卷六期，總號三三六，民七十四年六月，頁四—七。
〈二南論〉，《中國國學》，十三期，民七十四年十月，頁六七—七四。
〈邶鄘有目無詩說〉，《中國國學》，十七期，民七十八年十一月，頁一—六。
〈豳風鴟鴞詩解〉，《中國國學》，十八期，民七十九年十一月，頁二五—二八。
〈七十年前女強人——潘玉良的悲劇〉，《中外雜誌》，五十卷二期，總號二九四，民八十年八月，頁四九—五三。
〈再談薄命畫家潘玉良〉，《中外雜誌》，五十四卷五期，總號三二一，民八十二年十一月，頁五九—六一。
〈談我的文藝創作與學術研究〉，《臺南市立文化中心季刊》，九期，民八十四年五月，頁四二—四六。